どんな場面でも会話が途切れない

一生使える

「雑談」の技術

渡瀬謙

大和出版

雑談がうまくできないことで悩んでいるあなたへ

朝、電車に乗って会社に向かうとき、駅の改札を出ると、すぐ前を先輩社員が歩いている姿が見えました。

反射的に歩調を緩めて、一定の距離を保ちながら同じ道を歩きます。

まるで相手に気づかれないように尾行しているかのごとく……。

もちろん、その先輩を嫌っているわけではありません。

ただ、追いついて一緒に歩くときに「何を話していいのかわからない」のが怖くて避けていただけです。

これは、かつての私のことです。

子どもの頃から社会人になるまで、ずっとこんな感じでした。

中学では近所の同級生と3人で通学していましたが、30分ほどの道のりを黙ったまま一緒に歩いていました。話すことがなかったからです。

でも、そのときからわかっていたのは、何も話さずに人と一緒にいるのは苦痛だということ。

その苦痛から逃れるために私がとった行動が、人を避けるというものでした。

1人でいれば気楽でいられますが、そのぶんだけ人づきあいの経験値を積まずに生きることになります。

無口、口下手、あがり症と、まさにコミュ障そのもの。

おかげで社会人になってからも人間関係で苦労することになりました。

本書を手にとっているあなたはいかがでしょうか？

似たような経験があるとしたら、もう大丈夫です。

私は本書でご紹介する**「相手ファーストの雑談」**をするようになってから、人づきあいの悩みがきれいになくなりました。

どんな場面でも会話が途切れないで、ラクに話ができるようになったのです。

「すごいですね。かなり努力したのでしょうね？」

そんな声が聞こえてきそうですが、私は努力も苦労もしていません。

そのうえ時間もかかりませんでした。

「そんなわけないでしょう。しゃべる練習にだって、かなりの時間がいるのでは？」

はい、その練習も不要なのです。

極論でも何でもなく、この本を読み終えた瞬間に雑談の悩みから解放されます。

ちなみに私はかなりの慎重派です。９割程度の自信では口にしません。

絶対の自信があるからこそ、こうしてご紹介しているのです。

では、なぜそんなに自信があるのか？

それはコミュ障だった私自身への効果はもちろんですが、**この雑談術を実践した人たちの喜びの笑顔をたくさん見てきたからです。**

ここで、そのごく一部をご紹介しましょう。

- 子どもの頃から雑談が苦手で、社会人になってからもまわりの人の輪に入れずにいつも孤立していました。でも教わった方法を試したところ、気軽に会話ができるようになり、気後れすることなく人と接することができるようになりました。
- 先輩社員からは、「もっと気軽に思いついたことを話せばいいんだよ」と言われるのですが、それができずに苦労していました。でもこの雑談術は、そんな私でもすぐにできて誰とでも会話が続くので、自分にピッタリだと思いました。

- この方法は、いままでの雑談の常識をくつがえす画期的なものだと思います。何より難しいトークを覚えたり、しゃべりの練習をしなくても、すぐに実践できてその場で効果が出るところが素晴らしいです。さっそく苦手な上司との雑談に使ってみましたが、信じられないくらい気持ちよく会話ができました。
- これまでは、自分は口下手だから雑談が苦手だと思い込んでいました。でも、単に雑談に対する考え方が違っていただけということに気づけました。
- この相手ファーストの雑談法は、口下手な部下との会話にも有効ですね。かなり会話が続くようになりましたし、何よりも部下が笑顔でしゃべってくれるようになったことがすごいです。チームのコミュニケーションも向上しました。

以上のように、実践したほとんどすべての方から喜びの声と成果が届いています。

雑談術の講座に来る人たちなので、もともと苦手意識が強い人がほとんどです。最初のうちはおどおどした感じの人も、終わる頃には表情が明るくなるのがわかります。雑談のやり方を理論的に理解できたことで、これまでのモヤモヤとした不安が消えたからです。

雑談は、なんとなくの感覚でやるものではありません。

きちんとした方程式があります。

それさえ知っておけば、いつでもどこでも誰とでも、ストレスなく会話ができるようになります。話術もいらないので、私のような口下手な人間でもすぐにできます。

それどころか、むしろ雑談が苦手だった人のほうが効果が大きいのです。

最後に**「本書の構成」**についてお話しします。

まず、序章では、私の体験談を通して、**「雑談に対する既成概念を取り払うことの効果」**の話をしています。発想を変えるだけで、あなたの雑談は大きく変わります。

第1章では、**「雑談の基本と大原則」**について解説しています。ここで「相手ファーストの雑談」とは何かを知ってください。本書の核となる部分です。

第2章は、**「話のきっかけづくり」**についてです。ポイントとなるのは話題の見つけ方ですが、その簡単な方法も解説しています。

第3章は、**「最初の話題からスムーズに会話を進める方法」**です。この章を読むことで、「話が続かない」というストレスから解放されてください。

第4章は、**「さらに広く、深く話を掘り下げるコツ」**をお話ししています。ここまでくれば、後は自然に会話が流れていくことを実感できるでしょう。

第5章は、**「話につまったときの切り抜け方」**です。第4章までを実践できていれば雑談で困ることはほぼなくなるのですが、念のために押さえておくと安心です。

第6章は、**「雑談で困りがちな代表的な場面での対処法」**です。自分ならどうするかをイメージしながら読むことをおススメします。

終章は、**「雑談こそが人生を変えてくれる」**という話です。今はまだ大げさに感じるかもしれませんが、実際のところ雑談はそれほどの大きな力をもっています。

この章を読むことで、ご自身の未来に思いを馳せてください。

ぜひその場しのぎのためだけでなく、**一生使える「雑談」の技術**を、本書を通じて身につけてほしいと思います。

渡瀬　謙

第1章 これだけは押さえておきたい！ 雑談の基本＆大原則

第2章

最初が肝心！

話のきっかけづくりと話題の見つけ方

第3章

ストレスがかからない！

不自然にならない雑談の進め方

第4章 会話がどんどん弾む！ 話の上手な広げ方・掘り下げ方

第5章 もう、あわてない！ 話につまったときの切り抜け方

第6章
こんなとき、どうする？
[シーン別]困った状況での雑談術

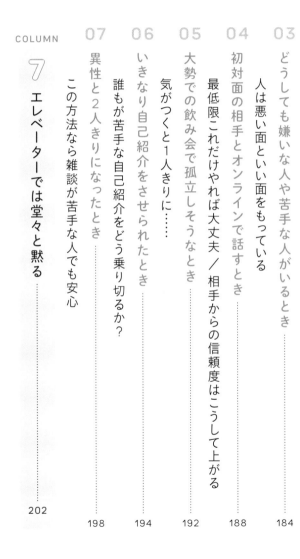

終章

雑談の技術をマスターできれば、人生が大きく変わる！

本文デザイン／三森健太　本文DTP／美創

序章

発想さえ変えれば、誰もが〝雑談上手〟になれる！

01

なぜ、上手に雑談ができないんだろう？

必死に考えても言葉が出てこない！

今でこそ、こうして雑談の本を書いたり、雑談に関する講演を行ったりしている私ですが、もともとは日常会話さえうまくできないような人間でした。

小学生から高校生まで、どのクラスでも一番無口でおとなしい性格。

人に話しかけることはめったになく、話しかけられたとしても返事すらまともにできません。休み時間なども、まわりの子たちの会話に入っていけずに、いつも自分の机の前に座っているか、用もないのにトイレに行っていました。

そう、いわゆる雑談がまったくできない子だったのです。

もちろん、話しかけたい気持ちはありましたが、言葉が全然浮かびません。何か言おうとするたびに、緊張してあがってしまい、よけいに頭が真っ白になりました。

それは大学生になっても変わりません。

ごくまれに、女性とデートをすることになったときも、相手の話に合わせることに必死でした。沈黙になると、「何かしゃべらなきゃ、何かしゃべらなきゃ」と脳をフル回転させますが、何も言葉が出てきません。

「早く1人になりたい！」

楽しいどころか、帰る頃にはもうヘトヘトになっていました。

「女性と半日一緒にいるだけでこんなに疲れてしまうのなら、自分には結婚なんて絶対にムリだ」と真剣に思っていました。

「社会人になれば、自然に話ができるようになるのかな」と漠然と期待してはいましたが、現実はそう甘くなかったのです。

社会人としてやっていくうえでの大きな壁

私が社会人1年目に選んだ職業は営業でした。

もちろん、話すことが苦手な自分に不向きなことはわかっています。

でも、ムリにでも人と会う仕事をすれば、少しは会話ができるようになるのではないかという淡い期待がありました。

当然ながら、最初から大きな壁にぶつかります。
それは、私が最も苦手としている**「雑談」**です。
お客さまのところへ行くと、

私　「こんにちは……」（小さな声で）
お客さま「…………」（無言で無表情）
私　「……では商品の説明をさせていただきますね。
（覚えてきた商品説明を一方的にする）
……何かありましたら、よろしくお願いします」

そうしていつも逃げるように帰ってきました。
もちろん、売れません。
やはり最初に何かしらの雑談をしてからでないと、仕事の話にうまく入れないのです。
ここで、あらためて自分の雑談力のなさを思い知らされました。
先輩社員たちは、お客さまと楽しそうに話しています。
雑談を交えながら仕事の話もきちんとできていて、結果も出しています。

私には、とうてい手の届かないことでした。

営業成績が出ないことも辛かったですが、社内にいるときの孤立感も、それまでと変わりません。

雑談の輪に入っていけないのは、小学生の頃のままでした。

雑談力を身につけるために始めた営業の仕事でしたが、普通の人が当たり前にしていることすらできない自分を、本当に情けなく思っていました。

人と一緒にいるだけで気疲れしてしまう私は、社会人としてこの先やっていけるかどうか不安でたまりませんでした。

彼女が欲しい気持ちもありましたが、まともに会話ができなければ、デートだってムリです。

「将来への希望がまったくもてない……」

でも、そんな私に転機が訪れたのです。

POINT

雑談ができないと人づきあいもうまくいかない

02

もの静かな私がトップセールスになれた理由

意を決して転職してはみたけれど……

新卒で入った会社での営業は、ノルマも指導も厳しくなかったので、こんな私でもなんとかやっていけました。

ただ、一方で私自身のコミュニケーション能力はいっこうに進歩しません。

「このままこのぬるい環境にいたら、自分は成長しないまま、どんどん歳をとってしまうかもしれない……」

そこで、もっと厳しい状況に身を置こうと思い、転職を決意しました。

転職先として選んだのは、リクルートです。入ってからわかったのですが、バリバリの体育会系の人ばかりで、私のような無口で内気なタイプはほぼゼロでした。

ただ、私は性格が真逆な人たちと仲良くなるために転職したのではありません。

他者とのコミュニケーション能力を身につけることが目的です。

だから、仕事に集中しました。自分でも頑張っていたつもりです。

しかし、売れませんでした。入社して6カ月間、売上げゼロでした。

「やっぱり私のようなタイプでは通用しないのかな」

そうあきらめかけたとき、リーダーが声をかけてくれました。

「なかなか売れないみたいだな。明日、俺と一緒に営業に行くか?」

売れない私に、営業の見本を見せてくれるとのこと。

もちろん、気にかけてもらったのは嬉しいのですが、その反面、「あなたの営業を見せられても参考にならないよ」という気持ちもありました。

なぜなら、そのリーダーは明るく元気で、しゃべりもうまい人だったからです。

ただせっかく声をかけてもらったので、翌日一緒に営業先に行くことにしました。

そして、そのときに見た光景が、その後の私の人生を大きく変えてくれたのです。

リーダーから学んだ「コミュニケーションの本質」

私は、そのリーダーは上手なトークで場を盛り上げるのかと思っていました。

しかし、そのリーダーはお客さまの前に出たとたん、信じられないくらいに黙っているのです。

お客さまの言葉にボソッと返事をするくらいで、シーンとした時間が流れています。

私のほうがハラハラするくらいの長い沈黙もありました。

しかし、そうした静かなやりとりが続いているうちに、お客さまのほうから、

「では、これでお願いします」

との一言。

私には、なぜ売れたのかがわかりませんでした。しかも、その日はさらに2件訪問したのですが、どちらも同じような感じで売れてしまったのです。

それまで私は、「営業は元気に場を盛り上げるものだ」と思い込んでいたのですが、真逆のスタイルで売れるのを目の当たりにしました。

「なぜ売れたのかはわからないけど、あんな雰囲気の営業なら自分でもできるかも」

そう思って、自分の営業スタイルをゼロから見直しました。

それまでは自分にムリをして笑顔をつくり、明るく上手にしゃべる練習ばかりをしていましたが、それをいっさいやめました。

もの静かな自分のままでお客さまと話すようにしたのです。

その結果は、自分でも信じられないものでした。

なんとリーダーとの同行営業から4カ月後には、売上達成率で全国トップ営業になったのです。

具体的な内容はここでは省きますが、生まれつきコミュニケーション能力が低かった私でも、あることから解放されただけで「売れる営業」になれたのです。

そのあることとは、「世間の常識」です。

明るく元気でしゃべりがうまくなければ売れない、という常識にとらわれていたときには全然売れませんでした。

ところが、その常識に疑問を抱いて考え方を変えたとたんに、「売れる営業」に変わることができたのです。

まさに**「コミュニケーションの本質は、表面的なものよりももっと別のところにある」**ということを実感した瞬間でした。

POINT

自分にムリをしたところでコミュニケーションはうまくいかない

03

発想の転換で、あっという間に〝雑談上手〟に！

高いハードルは避けて通ろう

「売れる営業」になれたことで、私の中である発想が生まれました。

それは、「思い込みをなくせば『売れる営業』になれたということは、雑談への思い込みをなくすことで〝雑談上手〟になれるのでは？」というものです。

当然のことですが、営業をするうえで雑談はついて回ります。

そこで、私なりに雑談のやり方を変えてみたのです。

詳しくは第1章でお話ししますが、「雑談とは面白い話をすることだ」という思い込みを捨てました。もともと面白い話ができた記憶もありませんし、練習したとしてもうまくできる自信などありませんでした。

そこで、その高いハードルを避けて通ることにしたのです。

そのうえで自分が歩きやすい道を選びました。

それが本書の大きなテーマである**「相手ファーストの雑談＝相手にしゃべってもらう雑談」**です。

営業の場面で最初に雑談をする目的は、お客さまの警戒心を取り除いたうえで仕事の話にスムーズに入っていくところにあります。

面白い話で盛り上げるというのは、そのための1つの手段でしかありません。

要は、「お客さまの警戒心を取り除く」ことさえできればいいのです。

私は、たくさんしゃべってもらうことで、気難しい人でも表情が和らぐことを知りました。

こちらが面白い話をしなくても、相手にしゃべってもらえれば、盛り上げるのと同じ効果を得られるのです。

このことに気づいて実践するようになってから、劇的に営業成績が伸び始めました。

これは、私の中では革命的なことでした。

ムリに場を盛り上げようとしなくてもいい

以上のように発想を転換することで、子どもの頃からずっと悩み苦しんできたことがスッと解決しました。

もちろん、望んでいたこととは違っています。

私は、
- 絶妙なトークで皆を爆笑させること
- 初対面の人ともすぐに盛り上がれること
- しゃべりが上手になること

といった具合に、クラスの人気者のように相手を笑わせたり、その場を盛り上げたりできたらいいなと思っていました。

それが「売れる営業」になれたことで、その「笑わせる」とか「盛り上げる」ことの意義を考え始めるようになったのです。

「初対面の人と話をするときに、別に盛り上げなくてもいいんじゃないのか」

「気難しい人をムリに笑わせなくてもいいんじゃないのか」

「何よりも大切なのは、お互いに話しやすい状態になることではないのか」

つまり、世間の常識とは別の方法を探せばいいことに気がついたというわけです。

そこからはトライ&エラーです。

何しろこれまでまともな人づきあいをしてこなかったので、「これを言ったらどう反応するのか」など、人との会話の経験値が圧倒的に低い私。

営業先でのお客さまを相手に、いろいろな角度から言葉を投げかけてみました。

剛速球で圧倒するのではなく、**「相手が打ち返しやすい球は何かな？」**という思考です。

そして、打ちやすい球を投げて、気持ちよく打ち返してもらうほどに、お客さまが自然と笑顔になっていくことを実感しました。

これは営業やビジネスの場だけでなく、ふだんからの人づきあいすべてに共通して使えるものです。

面白い話をするのではなく、相手に気持ちよくしゃべってもらう――。

これは、私の人生の中での大発明だと今でも思っています。

POINT

もう、世間の常識にしばられるのはやめよう

04

秘訣は「相手ファースト」のスタンスにあり

自分のしゃべりにばかり気をとられていると……

さて、ここまでの話を整理しておきましょう。

なぜ、一見して営業に向いていない私が売れるようになれたのか？

その理由を考えたときに、１つの真理が見えました。

それは、営業とお客さまとの商談で契約が成立するかどうかは、１００％お客さまの意思で決まるということです。

どんなに営業が「売りたい」と思っていても、お客さまが「買う」と言わないかぎりは売れません。つまり、お客さまの気持ちを動かさなければ売れないのです。

ところが多くの営業は、どうしたら売れるか、どんなトークなら売れるか、どんなツールを使えば売れるかなど、**意識を自分側に向けているケースがほとんど**です。

私が売れなかった時期も、「しゃべり方がたどたどしいから売れないんだ。だからもっと上手にしゃべる練習をしなければダメなんだ」と信じ込んでいました。

でも、売れるようになってからは変わりました。

自分のしゃべり方や表情など自分への意識は薄れて、お客さまは何を考えているのか、どんなときに心を動かすのかなど、**相手に意識を向けるようになった**のです。

世の中の常識に引っ張られて、大切なことが見えなくなっていたのですね。

雑談も同じです。

私はずっと、**「雑談上手＝面白い話ができる人」**という一般的な常識にとらわれていました。

「もっと上手にしゃべらなければ」「もっと明るく振る舞わなければ」「もっと面白いことを言えるようにならなければ」……。

「もっともっと」と自分に膨大な宿題を与え続けて苦しんでいたのです。

しかも、それらはすべて「自分」に向けてのものです。

これも営業と同じですが、どんなに上手にしゃべる演技ができたところで、相手がどう感じるかまではコントロールできません。自分では面白いと思っていることでも、相手にとってはつまらないと思うことだってあるのです。

自分にばかり気をとられてしゃべるのは、会話ではなくて「単なるひとり言」です。

つまり意識すべきは、自分ではなく相手。

「相手ファースト」のスタンスに切り替えることこそが、〝雑談上手〟への近道なのです。

その日は突然、やってくる！

そうした意味で、本書は「相手ファーストの雑談」に特化したものになっています。

私自身、いろいろな雑談本を読みあさってきました。

いい本もたくさんありました。

「こんなときには、このセリフを使えばいいのか！」

「話につまったときには、これを使ってみよう！」

実際にそのとおりにやってみたりもするのですが、うまくいかないことの繰り返しでした。当然のことですが、雑談の達人級の人と同じセリフを使ったところで、同じ結果になるはずがありません。

しかも、慣れないことなので練習にも時間がかかります。
セリフもたくさん覚えなければなりません。
いつもうまくいかないまま終わっていました。
思い返せば、これらはすべて「自分ファースト」だったのです。
その発想を変えて相手ファーストにした瞬間、明るい道が開けました。
「雑談とは、本来こういうものだ」というゴールが見えたのです。
しかも、その道はこれまでとは違って平坦です。
私のようなコミュニケーション能力が低い人間でも、すぐにできるようになりました。
変える必要があったのは考え方だけです。そして、それは一瞬で変えられます。
ある日から突然、雑談上手になる!
そんな瞬間を、ぜひ味わってください。

POINT

自分ではなく相手に意識を向ければ世界が変わる

COLUMN 1

陽気で明るい女性だけど……

会社で同期の女性がいました。

いつも明るくて陽気な性格だったので、皆の人気者。私のようにおとなしい人間にも分け隔てなく接してくれたので、たまに家まで車で送ったこともありました。正直に言って、私は好意をもっていました。

しかし、結局のところ、「僕とつきあってください」とは言いませんでした。

その理由は、2人で車に乗っているときに、ずっと彼女がしゃべっていたからです。

もちろん、無口な私に対してのサービス精神からのことだったとは思います。ただ、話の内容がすべて自分のことだったのです。面白い話もあるので、そのときは私も笑ったりしますが、ほとんどは聞かされる一方でした。

そんなことから私はいつも疲れてしまって、一緒にいたいと思わなくなっていったのです。

人間的には好きだったのですが、この先のデートや結婚生活まで想像したときに、ちょっとしんどいなと思いました。

いま振り返れば、それが彼女なりの不器用なコミュニケーションのしかただったのかもしれません。結局、同期の男性は誰も彼女とつきあいませんでした。

第1章

これだけは押さえておきたい!

雑談の基本&大原則

01

そもそもなぜ雑談が必要なの？

雑談が苦手な人の本音

この本を手にとっているあなたは、もちろん雑談がうまくなりたいという気持ちがあると思います。

では、なぜ雑談がうまくなりたいのでしょうか？

私の場合、次のようなことが主な理由でした。

- 沈黙になりたくない
- 本題へとスムーズにつなげたい
- 場の空気を和やかなものにしたい
- つまらない人だと思われたくない
- 話題探しで疲れたくない

初対面や目上の人、それに女性との雑談は苦痛を感じるくらいでした。

また、雑談がうまい人とそうでない人との違いは、

- しゃべりの技術
- 話題の豊富さ
- 言葉の選び方
- とっさのアドリブ力

だと思っていました。いわば個人的な能力差ですね。

できない私から見ると、いつでも誰とでもさっと雑談ができる人というのは、雲の上の存在でした。テレビのバラエティ番組などで芸人さんたちの絶妙な言葉のやりとりを見ていると、まさに神業だなと思います。

そこまでいかなくても、**「もう少し気軽に雑談ができるようになりたい」**というのが本音でした。せめて人並みに話せたらいいなと。

あなたはいかがでしょうか？

雑談にはこんなメリットがある

そもそも雑談というのは、自分以外の誰かと行うものです。

一般的に雑談が苦手な人というのは、1人でいるときは気楽に過ごせますが、そこに誰かが入ってくると、とたんに窮屈になりストレスを感じてしまいがちです。

また、相手によってもそのストレスの度合いはまちまちで、親しい人とまったく知らない他人とでは、雑談の難易度が大きく変わることになります。

しかもやっかいなのは、これといった定義もないので、雑談がうまくなるための法則的なものが見えにくいという点です。

私自身、「適当に思いついたことを話せばいいよ」程度のアドバイスしかもらった記憶がありません。

学校でも教わりませんし、教科書もありません。

そう考えると、1人でいることが好きなタイプというのは、裏を返せば「雑談が苦手」だから人とかかわりたくないとも言えそうですね。

それをさらに深掘りすると、**「雑談ができるようになるだけで、人づきあいがもっと気軽にできるようになる」**ことにつながります。

その意味で社会人としてストレスなく生きていくうえで、雑談は必須の技術と言えるでしょう。

知らない人が大勢集まるパーティーが苦手という人でも、雑談に自信をもてれば気軽に参加できるようになり、そこで人脈やビジネスが広がるようになります。

営業に苦手意識をもっている人でも、雑談のコツを知っていれば、初対面の人にも臆せずに会いに行くことができて、成績が伸びる可能性が高くなります。

そう、コミュニケーション能力が低いと自覚している人でも、雑談力さえ身につければ、それだけで問題が解決してしまう可能性があるのです。

私が雑談で悩んでいたときは、目先のことばかり考えていました。

「上司と一緒にいるときの気まずい雰囲気をなんとかしたい」とか、「女性と気軽に話ができるようになりたい」など、その場その場のことで精いっぱいでした。

でも、雑談ができるようになることの将来性まで意識を広げると、やるべきことが見え始めます。

ぜひ、先々の人生までイメージを広げて読み進めてください。

POINT

雑談の可能性を広い視野で考えてみよう

02

雑談が苦手な人が陥りやすい5つのこと

難しいことを自らやろうとしていませんか？

私も含めて雑談が苦手な人がどうしてもやってしまいがちなことがあります。

もちろん、それが正しいと思ってのことですが、後で考えてみると、かなりの遠回りをしていたことに気づきます。

あなたも思い当たることがあるかもしれませんよ。

1 相手が食いつく話をしようとする

いつでもどこでも人が食いつくような話ができたら最高ですよね。

でも、そんな人はごく一部の存在です。

しかも、もともと雑談が苦手な人がそんなトップレベルになるのは、一生かかっても難しいでしょう。少なくとも私は早々にあきらめました。

そんな存在になりたいという夢に反対する気はありませんが、もっと他の方法があることも知っておいてください。

2　相手を笑わせる話をしようとする

「雑談がうまい人ってどんな人？」と聞かれたら、「面白い話で笑わせる人」という答えが頭に浮かんだりするでしょう。たしかにうらやましいですよね。仕事でも相手を一瞬で笑わせることができたら、何をやってもうまくいきそうです。

でも、これまでの過去を振り返ってみて、あなたが人を笑わせた記憶がどれほどあるでしょうか？　ちなみに私は一度もありません。何かを言って苦笑いされたとか、反応に困らせてしまったことは何度もありますけどね。

そんな私も、かつては芸人さんや落語の本を読んだりして、「笑い」をとりたいと思ったことがありました。

でも、自分とは真逆の人になろうとしても、できるはずがありません。

たとえ笑わせることができなくても、自分にもできることでそれと同じ効果を出せればいいのです。

それを知ってから、私は笑いに頼らない雑談を心がけています。

そうすることで、長い間プレッシャーだった肩の荷がおりて、スッキリしました。

3 上手にしゃべろうとする

口下手な私は、しゃべりがうまい人にあこがれていました。とくに講演などで人前で話すときは、自分のたどたどしいしゃべりを恨めしく思っていました。

自分では面白いと思っているエピソードを話し始めても、話し方が拙《つたな》いせいで全然ウケません。もっと上手にしゃべりたいと思い、会話教室にも通っていました。

おそらく私と似たようなことを思っている人もいるでしょう。

でも、**上手にしゃべろうとすることは、ときに自己満足で独りよがりになっている可能性がある**ことも知っておいてください。

ちなみに私は今でもしゃべりは下手です。講演などで数百人の前でしゃべるときも、たどたどしくつっかえながらしゃべっていますが、それでもきちんと伝わります。

逆に上手にしゃべろうとばかりしていた頃は、あまり聞いてもらえませんでした。

したがって、「しゃべりが下手＝雑談が下手」というのは、単なる思い込みです。

4　たくさんしゃべろうとする

相手ばかりしゃべっていて自分は聞いているだけの状態というのは、気まずい感じですよね。

こちらもしゃべらないと、相手に申し訳ない気持ちにもなります。

私は小中高のどのクラスでも一番無口でした。自分でしゃべるよりも人の話を聞いているタイプです。ときどき、「自分でも何か言わなくちゃ」と思っても、うまい言葉が出てこなくて、結局何も言えないままでした。

「せめて相手と五分五分に話したいなあ」と思っていました。

でも、違ったのです。

次の項目でお話ししますが、何のために雑談をするのかを理解したときに、「自分がたくさんしゃべる必要はない」ということに気づきました。

むしろ、自分よりも相手にたくさんしゃべってもらうことこそが、いい雑談だったのです。

しゃべらなくてもいいというのは、私にとってものすごくありがたいことでした。

ぜひ、「しゃべらなくちゃ」という強迫観念から自由になってください。

5 雑学などの知識を蓄えようとする

中学生の頃、言われてかなりショックだった言葉があります。

同じクラスの子たちが、雑談で私のことを話していました。

「渡瀬って無知だよね」

もちろん私がいないところでの話ですが、たまたまそれを陰で聞いてしまったのです。それは自分でも思っていたことなので、よけいにショックでした。

たしかに、私が皆との話に入れないのは、そもそも知らない話題が多かったというのもありました。

いわゆる一般常識レベルの話にさえついていけなかったのです。

大学生のときに手当たり次第に本を読みあさったのも、知識を植えつけようと思ったからです。でも結局、社会人になっても雑談は苦手なままでした。

雑学の本などもたくさん読みましたが、その知識が実際の雑談で役に立った記憶もありません。

雑学や知識などは、相手がそれを聞きたがっていたら別ですが、ほとんどは、「ふーん」で終わってしまいます。

かりに面白いネタだったとしても、今度はそれを面白く伝える技術も必要になってきます。そう考えると気が遠くなる感じです。

はっきり言って、上手な雑談に知識は不要です。

その理由も、この後じっくりとお話ししていきます。

さて、いかがでしょうか？

ここであげた5つのことは、私がずっと「そうしなければならない」と思い込んでいたものですが、今の私はその思い込みから解放されています。

なぜなら、雑談の本当の目的を理解できたからです。

それを次の項目で解説します。

POINT

思い込みで目の前にたくさんの壁をつくっていませんか？

雑談には5つの目的と効果がある

なぜ、雑談がうまくなりたいの？

この本を読んでいるあなたは、単に雑談がうまくなれば、それでいいのでしょうか？　その場の気まずさを解消できればいいのでしょうか？

あらためて考えてみてください。

じつは雑談がうまくなりたいという気持ちの先には、さらに真の目的があるのです。

その目的を明確にすることで、やるべき道が見えてきます。

1　私はあやしい者ではありませんよ

1つ目は、**「不審の払拭」**です。

相手からあやしい人だと思われていたら、その後、正常なつきあいはできません。

よくあるケースは、営業が初対面のお客さまと会うときです。「簡単に買わされないぞ」と警戒している相手に対しては、どんなに上手に話をしても通じません。オンラインの商談でも、無反応の相手に説明しても響かないのと一緒です。

まずは、**「私はあなたに危害を加えたりしませんよ。あやしい者ではないので安心してください」**という情報を伝えなければなりません。それを目的とした雑談です。

2　私は話しやすい人ですよ

2つ目は、**「親和性」**です。

話しやすい人だと思ってもらえれば、相手も心を開いてくれるようになります。

そうなれば、ビジネスの場では仕事が前に進みやすくなりますし、プライベートの場においてもお互いの腹の探り合いから解放されて、気持ちよく一緒にいられる関係になります。

「私は気軽に話ができる人間ですよ」と伝えることを目的とした雑談です。

3　私は素直な人ですよ

3つ目は、**「自分の素直さの表現」**です。

自分の意見に対して、いちいち反論してくる人や、意見を聞かない頑固な人に対しては気軽に話しかけようとは思いませんよね。反対に、自分の言葉に耳を傾けて素直に受け入れてくれる人には、もっと話したいと思えてきます。

「私は人の話を素直に聞く人間ですよ」と思ってもらうのも雑談の目的の1つです。

4 私は気がきくタイプですよ

4つ目は、少し高度になりますが、**「自分の観察力のアピール」**です。

小さな変化や意外性のあるものを見つけて、その話題を相手に振る雑談です。

そのためには、冷静にまわりを見る余裕が必要です。詳しくは後の章でお話ししますが、この雑談ができると、相手からの印象がグンとアップします。

「細かいことに気がつくなんて、気がきく人だな」と思われたら、とくにビジネスの場面では、とても有利に働きます。これも雑談の目的と言えるでしょう。

5 私はあなたに興味をもっていますよ

5つ目は、**「相手への好意の伝達」**です。

ストレートに「好き」と伝えることは難しくても、雑談の中でこちらが興味をもっていることを伝えるのは十分に可能です。

自分に興味をもってくれる人に対しては、誰もが好印象をもつものです。

「あなたに興味をもっていますよ」と伝えることで、コミュニケーションを円滑にするのも雑談の目的です。

以上のように目的別にまとめてみると、雑談というのは、**「相手からの気持ち」**に重点を置いているのがわかります。

じつは、ここが重要なポイントです。

雑談が苦手な自分に意識を向けるのではなく、あくまでも相手に意識を向けること。

そうすることで、本来の雑談の目的に簡単にたどりつくことができるのです。

POINT

雑談の前提はあくまでも相手に意識を向けることにある

04 〝理想の雑談〟は、相手が気持ちよくしゃべること

名インタビュアーは「聞き方」が違う

さて、ここまでを整理してみると、雑談というのは、自分が面白い話をするというよりも、**相手にどう思ってもらえるかに比重がかかっている**ことがわかります。

つまり、雑談に対する意識のベクトルを自分から相手に向けることが何よりも大切だということですね。

ここで、私の体験談をお話しします。

新しい本が出ると、ビジネス雑誌などから取材依頼が来ることがあります。

インタビューをする側には、いろいろなタイプの人がいます。

基本的に私は無口なので、聞かれたことに対して必要最低限の言葉で返します。

ぶっきらぼうな答えしかできない自分に、歯がゆさを感じることもありますが、聞

かれてもいないことをしゃべってもしかたがありません。

ところが、ごくまれにですが、自分でも意外に思うほど私がよくしゃべっているこ
とがあります。「他にこんなこともありまして……」などと、聞かれていないことま
で率先してしゃべってしまうのです。

別にその日だけ気分が乗っていたわけではありません。

インタビュアーの聞き方がうまいのです。

そして、そのときに実感しました。

「あれ？　しゃべることって、気持ちがいいことだったんだ」と。

私自身も意外でした。それまでしゃべることは苦痛なものだと思っていたからです。

無口な私でも、うまい聞き方をしてくれる人になら、自然にしゃべることができる。

私のたどたどしい話し方でも、興味深く聞いてくれる人になら、気にせず話せる。

もちろん、その相手に好感をもちました。

質問や話の聞き方の違いだけで、自分の気持ちがこんなに変わるなんて！

私がそのときにあらためて感じたのは、自分の話を聞いてくれるかどうかで、いか
に相手への印象が変わるのかということでした。

ベクトルを変えるだけで雑談が一気に得意ジャンルに！

それ以来、私が雑談をする際には、さらに相手に意識を向けるようになりました。自分がどうしゃべるかではなく、相手にどんな言葉を投げかけたら気持ちよくしゃべってくれるかということに意識を完全にシフトしたのです。

- どんな質問が答えやすいのか？
- どんな質問なら、たくさんしゃべってくれるのか？
- どう聞いたら気持ちよく答えてくれるのか？
- 相手が身を乗り出して話したくなる話題は何か？

などなど、とことん研究しました。

頑張って自分がしゃべるのではなく、いかに相手に気持ちよくしゃべってもらうかに集中する――。

このように**「相手ファーストの雑談」**にすることで、雑談を苦手としている人でも、あっという間に得意ジャンルに変えることができるのです。

営業の仕事はもちろんですが、仕事でのちょっとした打ち合わせ、パーティーや飲み会の席、ご近所さんとの立ち話でも、「相手ファーストの雑談」は本当に有効です。

何よりも単にその場をしのげるだけでなく、相手から好印象をもたれるので、その後の関係性もずっと良好なものになります。

雑談を苦手としている人が抱えがちな人づきあいでのモヤモヤ。

雑談力が、そんな悩みを一気に振り払ってくれるのです。

しかもその雑談力は、じつはとても簡単に手に入ります。

「えっ？　そんなことあるはずがない」

そう感じたあなたのために、次の項目で、そのお話をすることにしましょう。

POINT

〝理想の雑談〟をできるようになるためのハードルは意外なほど低い

05

「相手ファーストの雑談」の構造は、じつにシンプル

険しい道なんて歩かなくていい

私が考えるかぎり、雑談力を上達させるための方法は、大きく分けて2つあります。
1つは、自らの話術を高めて、どんなときでも面白い話ができる状態を目指すもの。
もちろん、私も最初はこちらを目指していました。
でも、どんなに努力をしてもキリがないということに気づきました。
しかも、頑張るのは1つのことだけではありません。

- 面白い雑談ネタをたくさん仕込む
- 常に時事問題やニュースなどをチェックする
- その面白いネタを話し言葉に料理する
- それを表現する話術を身につける
- それらを総合して目の前の相手に合わせて話す瞬発力を鍛える

もちろん、これが全部できたら、それはそれで素晴らしいことです。
雑談の天才になれるでしょう。
でも、その道のりを考えると、険しすぎて、とても歩けそうにありません。
そこでおススメするのが第2の方法、**「相手ファーストの雑談」**です。

今こそ、この簡単な雑談にシフトしよう

「相手ファーストの雑談」の構造は、いたってシンプルです。

①相手がしゃべりやすい話題を振る
②相手が答える
③リアクションをする
④その答えに対してさらに質問を振る

この繰り返しです。
たとえば、以下のようになります。

自分「こんにちは。あれ？　今日はいつもと雰囲気が違いますね」
相手「まあね。この後、同窓会なんだ」
自分「そうなんですか。いつの同窓会なんですか？」
相手「高校3年のときのクラスメイトだから、10年ぶりかな」
自分「へえ、いいですね。まだつながりがあるんですね」
相手「まあね。先日昔の仲間内で飲んでたら、同窓会をやろうって話になってさ」
自分「きっかけがないと、なかなかできないですよね」
相手「そうそう。で、今回俺が幹事なわけよ」
自分「あ、だからオシャレをしているんですね（笑）」

つまり、相手にしゃべってもらうことを優先した会話です。

メリットは、自分の話をしようとしないぶんだけ、相手に意識を集中できる点。

相手の言葉に反応して次の質問ができるため、会話がどんどん続くのです。

しかも、これってじつは、近所のおばさんの雑談と一緒なのです。

おばさん「あら、お出かけ？　どちらまで？」
自分「久しぶりに映画でも観ようと思って」

おばさん「あら、映画、いいわねえ！　何を観るの？」
自分「いや、まだ決めてないんです。とりあえず映画館に行こうかなと思って」
おばさん「いいじゃない。私なんてもう何十年も映画館に行ってないわよ」
自分「私も久しぶりです」
おばさん「楽しんで行ってらっしゃい」

会うと話しかけてくる近所のおばさんって、こういうタイプが多くありませんか？

そう、これも相手ファーストの雑談なのです。

「知っている人とすれ違う際、何も話題がなくてどうしよう」などとは思っていません。瞬時に相手の情報をキャッチして、それを話題にしているだけです。

それさえできれば、後の会話は自然に流れていきます。

いかがでしょうか？

この第2の方法である、相手ファーストの雑談なら、あなたもできそうですよね。

POINT

近所のおばさんの雑談を思い出してみよう

06

雑談がうまい人ほど自分ではしゃべっていない

盛り上げ上手な人の雑談を観察してみると……

私は雑談がうまい人を観察するために、慣れないパーティーに出ることがあります。
そこで、話が盛り上がっている人の輪をそっと覗《のぞ》いてみると、驚くべきことがわかりました。

それは、話が盛り上がっている輪の中心人物は、ほとんどしゃべっていないという事実です。

具体的には、こんな感じです。

Aさん「やあBさん、久しぶりですね。いつ以来でしたっけ？」
Bさん「2年ぶりくらいですかね」
Aさん「そうでしたか。そのときはどこでお会いしましたかね？」
Bさん「たしかWさんの講演会のときだったと思います」

Aさん　「そうでしたね。あのとき一緒にいた……」
Bさん　「Cさんですね」
Aさん　「そうそう、Cさんとはその後も交流があるんですか？」
Bさん　「ありますよ。今ではビジネスパートナーとして、ほとんど毎日会っていますよ（笑）」
Aさん　「そうだったんですね。最近はどんなビジネスに力を入れているんですか？」

この後、Bさんは自分のビジネスについてしゃべり始めます。
しかも、それを聞いているまわりの人にも伝わるように。
このように注意深く観察してみると、Aさんは次々と相手に質問するだけで、話を引き出していました。

まさに「相手ファーストの雑談」そのものです。

Aさんはもちろんですが、Bさんや他の人たちもそのやりとりを一緒に楽しんでいるようでした。

「やっぱりこれでいいんだな」と私が確信をもてた体験です。

まわりに人が集まる人・遠ざける人

Aさんは、その後もまわりの人たちに話しかけていました。

Aさん「Dさん、例の話はその後どうなりましたか?」

Aさん「Eさんとは初めましてですよね。どんなお仕事をされているんですか?」

その場を仕切っているのは、間違いなくAさんです。

でも、Aさんは独演会のように1人でしゃべりまくることはせず、ただまわりの人の話を聞くことに専念していました。

自分が率先してしゃべろうなどとは考えていないので、人の話に集中できるのでしょう。

その結果、Aさんのまわりは、とても楽しそうに盛り上がっていました。

この雑談の方法なら、話術は不要です。

面倒なテクニックもいらなければ、話のネタが尽きることもありません。

そんなAさんの人望がますます厚くなっているのが見ていてもわかりました。

まさに理想の雑談です。

その一方で、残念な人の輪もありました。

ある人を中心としてまわりに人が集まっているのですが、その中心人物がほとんど1人でしゃべっていました。

他の人たちは、単に聞いているだけ。

もちろん話が面白いのでしょうが、これでは独演会と同じです。

話が一区切りすると、まわりの人たちは黙って離れていきました。

1人残された中心人物は、あたりを見回しながら、次なる聞き手を探しているようでした。

たくさんしゃべっている当人は気持ちがいいのかもしれませんが、それにつきあわされている側はあまり楽しそうではありません。

自分中心に話を進めるのか？　それとも相手中心に話を進めるのか？

どちらがいいかは、もうおわかりですよね。

POINT

パーティーは雑談がうまい人を観察する絶好のチャンス

07

その場しのぎの雑談から卒業しよう

「嫌われない」から「好かれる」へ

さて、ここまでのところはいかがでしょうか？

そもそも私が「雑談がうまくなりたい」と思ったのは、「人から嫌われたくない」という心理からスタートしたものでした。

自分をマイナスに見られないように、なんとかその場を乗り切りたいという感じで、いつもピリピリと緊張していました。

振り返ると、長年、そこに留まって同じところをグルグル回っていたような気がします。

でも、そんなその場しのぎの雑談からは、もう卒業しましょう。

マイナスからゼロを目指すのではなく、プラスを目指す雑談へ。

嫌われないようにするのではなく、むしろ「好かれる」ことを目指した雑談です。

「相手ファーストの雑談」の真の目的は、そこにあります。
「相手ファーストの雑談」であれば、その場しのぎの雑談という守りの姿勢ではなく、もっと広い意味でのコミュニケーションを円滑にして自分をアピールするという、攻めの姿勢を目指すことが可能になるのです。

しかも、嫌われない雑談を目指すよりも、はるかに簡単にできます。

雑談力がゼロだった私でも、今ではこうして人に教えるくらいになれたのです。
ぜひ、この本を読み終えた翌日から、すぐに実践して手ごたえをつかんでほしいと思います。

さあ、次の章からは、いよいよ**「相手ファーストの雑談」**をするうえでの具体的な方法について詳しく見ていきます。
楽しみに読み進めていってください。

POINT

地に足のついた雑談力は一生モノの財産になる

COLUMN 2

雑学頼りの“寒い”デート

かなり前にテレビで印象的なシーンを見ました。雑学の天才と呼ばれる男性とアイドルの女性が2人でドライブデートをするというものです。

車でいろいろな名所を巡りながら、そのつど男性がとっておきの雑学を披露して、女性をメロメロ（死語?）にするというのが番組の趣旨でした。

見えるものなら何でも雑学を語れるという触れ込みの男性は、自慢げに次々と話をしています。「どうだい、こんなことも知っている俺ってカッコいいだろ」とでも言いたげな口調が、かなり鼻についた記憶があります。

女性側も最初のうちは、「へえー」「すごいですねー」などとデートを楽しんでいる感じを見せていましたが、最後のほうはちょっと対応に困っている表情をしていました。知らない話ばかり聞かされていたので疲れたのでしょう。

デートというよりも先生と生徒という感じで、興味のないことまで一方的に教えられるのは辛いことなのだなあと、その寒いやりとりを見て思いました。

私が雑学の本を読むのをやめるきっかけになった出来事でした。

第2章

最初が肝心！

話のきっかけづくりと話題の見つけ方

01

雑談で「天気」の話をするのはNG

お手軽だけど後が続かない⁉

では、ここから実践に入っていきましょう。

雑談で最初に何をするかというと、まずは**「話のきっかけづくり」**ですよね。

お互いに黙っていても会話は始まらないので、こちらから何かしらのアクションをしていくことになります。

そして、この話のきっかけとなる話題にいつも困るのが、かつての私も含めた雑談が苦手な人の特徴でもあります。

そんなこともあって、私はたくさんの雑談本を読みました。

その中でよく書かれていたのは、**「天気の話をするといい」**というもの。

たしかに簡単にできますし、話題としてもお手ごろ感があります。

上司に雑談の進め方を相談したときも同じことを言われていたので、私もそのとおりにやってみました。

私　「今日はいい天気ですね」
相手「そうですね」
私　「………」

いつもここで止まってしまいました。

その後が続かなくて、すぐに沈黙になってしまうのです。

結局は何も言わないときと変わらずに、気まずい空気のままで仕事の話に入っていました。

もちろん、その後も会話が続く人もいるのでしょうが、少なくとも雑談が苦手な私には、うまく使えない話題でした。

「天気の話って、そんなにおススメなのかなあ」と疑問に思っていました。

もっと有効な話題が他にある

たしかに天気の話題は、すぐに使えるという点では便利です。

ただ、そのラクな話題に頼るクセがついてしまうのが、とても危険なのです。

まず、天気の話というのは、それほどの話題性はありません。

相手もふだんから天気に関心をもっているかというと、多くは無関心なまま日々を過ごしています。

そんな話を振っても、長く続く会話に発展しないことが多いのです。

また、相手が朝からエアコンのきいた室内にいたら、

「今日は暑いですねー」

と言っても、たいした反応は望めません。

天気の話題で有効なのは、異常気象の場合のみです。

台風やゲリラ豪雨などの突発的な天気は、それだけ関心度が高いので話題として使えます。

それ以外は使わないと決めておいたほうがいいでしょう。

繰り返しになりますが、問題なのは「とりあえず天気の話をすればいいや」と思っていたら、他の話題を探そうとはしなくなる可能性が高くなる点です。

その一方で、まわりを観察したり、きちんと準備をしていれば、もっと最初から打

ち解けられるような効果的な話題を使えるかもしれません。

これが営業や大事な打ち合わせなどの場面だとしたら、最初の雑談で失敗するのは大きな損失です。

そのためにも、相手が興味をもってどんどんしゃべりたくなるような話題を見つける意識をもつようにしてください。

その場しのぎやあいさつがわりというだけなら、天気の話でもいいでしょう。

でも、コミュニケーションをよくするために雑談をしたいのなら、その後の効果までを念頭に入れて最初の話題を見つけることをおススメします。

POINT

天気の話に頼らない習慣をもとう

02 雑談の話題を選ぶときの大原則

ズバリ、視点はここに向ける

雑談の話題は何が適しているのでしょうか？

パッと思いつくのは旬の話題や芸能人のゴシップ話などですが、相手によっては使いづらいこともありますよね。

ふだんからそのような話をしている仲ならいいのですが、初対面の相手や目上の人、仕事関係の人などには適さない話題です。とはいえ、相手に合わせた話題を多数ストックしておくのは難しいですし、もともと興味のないことだとしたら、調べたり覚えたりするのも苦労します。私もそんなことはおススメしません。

話題の選び方のコツは、自分ではなく相手が話しやすい話題を探すことです。

もっと言うと、相手の興味・関心が高い話題ほど有効になります。

逆の立場で考えてみてください。

あなたが全然知らないうえに興味もない話題をもち出されて、相手が楽しそうにしゃべっているのをただ聞いているだけの状態ってどうでしょう？　苦痛ですよね。そして、そんな話ばかりしてくる相手に対して、あまりいい印象はもたないことでしょう。

その意味でも、少なくとも**「相手が知っている話題を選ぶ」**のが雑談の基本です。

ただ、ここで1つ疑問が浮かぶかもしれません。

それは、相手のことをよく知らない場合は、相手が知っている話題などわかるはずがないというもの。当然です。人の頭の中など見えるはずがありませんからね。

そこで私の結論は、**「相手の身近なものを話題にする」**というものです。

身近なものなら知っている可能性が高いので、それを話題にすれば話してくれる可能性も高くなるというわけです。そうすれば、少なくともこちらだけがしゃべって相手が黙っているという状態は避けられます。次項で具体的に見ていきましょう。

POINT
自分目線でムリに話題を探そうとしてはいけない

03

話題のネタは歩くだけで見つかる

"キョロキョロ歩き"のススメ

営業や打ち合わせなど、仕事で相手先に訪問するときがあります。

それが大切な案件であるほど、最初の雑談は重要です。

ここで好印象を与えることができたら仕事の話もスムーズにいくことでしょう。

では、そのためにはどんな話題が適しているのか？

次の例を見ながら、一緒に考えてください。

大事な打ち合わせをするために、相手の会社に向かっています。

まだ訪れたことのない駅で降りて、初めて通る道を歩いています。

頭の中は、これからの面談のことでいっぱいです。

相手の会社に近づくほどに緊張も増してきます。

どうですか？　こんなシーンを想像するだけで不安な気持ちになってきませんか？

このまま面談に突入してしまったら、たいていはうまくいきません。

では、どうすればいいのか？

こんな場合は、気持ちにゆとりをもって、相手先に着くまで**「キョロキョロしながら歩く」**ことをおススメします。

初めて降りる駅や、まだ歩いたことのない道というのは知らないことだらけのはず。旅行で訪れた異国の地だと思って、興味深く観察してみてください。

そのうえで、そこで見つけたネタを話題にすればいいのです。

たとえば、

「この駅、初めて降りましたけど、構内にお店がたくさんありますね」

「駅から歩いてきたんですけど、屋根付きのアーケードがあっていいですね」

「ここに来る途中に行列をつくっているラーメン屋さんがありましたが、有名なお店なんですか？」

という具合に、気づいたことや変わっていることなどを見つけて、最初の雑談のネタとして使いましょう。

相手もよく歩いている道である可能性が高いので、答えやすいはずです。

雑談が上手な人の得意ワザ

じつはこの方法、雑談が上手な先輩を見て気づいたものです。

一緒に客先に行くときに、私は緊張しまくっていて、まわりを観察する余裕などなかったのですが、先輩はキョロキョロしながら歩いていました。

すると、「お、懐かしいなあ」と言いながら古い駄菓子屋さんの中に入っていったのです。

私は、そんな緊張感のない先輩にあきれていました。

その後、訪問して先方と名刺交換をしながら、その先輩は、

「ここに来る途中に懐かしい駄菓子屋がありますよね」

といきなり話を振ったのです。

私は、「こんなときに何でそんなことを言い出すんだ」と思いましたが、意外にも、

相手「そうなんですよ。私もときどき寄っていますよ」

先輩「じつは、さっきちょっと寄ってきました(笑)」

相手「わかります。つい寄り道したくなるんですよね(笑)」

こんな感じで話が弾みました。

その先輩は、おそらく無意識のうちにまわりを観察していて、最初の雑談のネタを探していたのです。相手先の近くで見つけたネタが雑談には有効だということを体感としてわかっていたのでしょう。

その日の打ち合わせは終始、和やかにうまくいきました。

私は、**「雑談がうまい人というのは、話し方がうまいというよりも、話題のチョイスがうまいのだな」**と、そのとき知ったのです。

この本を手にとったあなたは、この先輩のように無意識レベルで雑談ネタを探せるタイプではないでしょう。

でも、同じことを意識して行うことは可能です。

ぜひ、相手が話しやすい話題を積極的に探してみてください。

POINT

雑談上手が無意識にやっていることに注目しよう

04

雑談下手な人が心得ておくべきこと

大切なのは話題？　それとも話術？

話がうまい人と自分との決定的な違いに気づかされたことがあります。

小学生のときに友人と2人で帰る途中、大人の女性が口げんかしているところを見たことがありました。一本道だったので、黙ってそばを足早に通り抜けました。

「すごかったねえ」

「そうだねえ」

と、しばらくしてからお互いに顔を見合わせて感想を言い合いました。

翌日、学校に行くと、一緒に帰った彼が皆の前でそのときの話をしていました。

彼はクラスの人気者で、面白おかしく話をふくらませながら盛り上げていきます。

当時の私はその光景を眺めていただけでしたが、今思うと、大きな違いに気づきます。同じものを見ていたのに、彼は「これを明日、皆の前で話そう！」と思って話題をストックしていました。つまり、**アウトプットの準備**をしていたのです。

一方の私は、誰かに話そうなどとは考えてもいなかったので、記憶に留めることもしませんでした。

このように面白い話題が次々に出てくる人というのは、天才的な話術のもち主ではなく、話題を頭の中にストックしておく習慣がある人だったのです。

では、それを今から習慣化して話題を蓄えたらいいのでしょうか？

答えは「ノー」です。

面白い話題があっても、今度はそれを伝える能力（話術）が必要だからです。

小学生の私が、あの大人の女性の口げんかのシーンを皆の前で話しても、おそらく盛り上がらなかったでしょう。やはり雑談が苦手な人は、**「相手ファーストの雑談＝相手にしゃべってもらう雑談」**に特化するほうが得策なのです。

POINT
自分の特性に合った雑談を目指そう

05

話題に迷ったときの「新鮮なネタ」の選び方

相手にとっての「旬の話題」とは何か？

「新鮮なネタ」というと、どうしても旬のニュースやゴシップネタをイメージしがちですよね。

でも、ここでの新鮮というのは、「時間軸」の話ではありません。

雑談のネタで重視すべきは、「距離」なのです。

その意味で私は、相手との距離が近いところにある話題を「新鮮なネタ」と考えています。

距離が近いということは、それだけ相手の目に触れている可能性が高いということ。

当然、相手が話してくれる可能性が上がり、結果として効果的な雑談になるのです。

反対にどんなに面白い話題でも、相手との距離が離れていたら、雑談の効果は薄れます。

あなたに雑談の高いスキルがないのであれば、相手との距離が近い話題を使った雑談をするようにしましょう。

視点を相手にフォーカスすると見えてくる

では、「新鮮なネタ」の見つけ方を3つのレベルで紹介することにしましょう。

77ページでもお話ししましたが、レベル1は、**「相手の生活環境内（通勤・通学・買い物など）での話題」**です。

ふだんから馴染みのある場所ですから、当然知っている可能性が高くなります。

「駅前の道路は、明日から工事が始まるみたいですね」

「途中の商店街は、とても賑わっていますね」

「ところどころに昔の風情が感じられる街並みですね」

このように、こちらから先方に出かけて行く際には、こうしたネタが有効です。

歩きながら話題になりそうなものを意識して探しましょう。

レベル2は、**「相手の生活圏内（家、オフィスなど）での話題」**です。

いつもいる場所なので、その中での話題なら、さらに話してくれる可能性が高まりますし、もちろん話題の鮮度も上がります。

「入口にある大きな木は桜ですか？」

「このビルは、けっこう新しいみたいですね。新築ですか？」

「こちらは天井が高くて、解放感がありますね！」

このように、相手の家やオフィスなどに入ったときに気がついたことを話題にします。

ただし、ここで緊張していると視野が狭くなってしまうので、平常心でいることが重要になってきます。難易度は上がりますが、そのぶんだけ効果も上がります。

レベル3は、**「相手そのものの話題」**です。

見た目の印象やファッション、もち物、そして名前（これについては後で詳しく説明します）など、その人独自のものです。

距離でいうと、まさにゼロなので鮮度もバツグンです。

「デスクにある写真のネコちゃん、かわいいですね」

「鉛筆を使われるんですね。なんか逆に新鮮ですね」

「珍しいお名前ですね。何と読むんですか？」

このように会ったときの印象から瞬時に話題を見つけることになるので、難易度は高くなります。

冷静な観察力も必要になりますが、雑談のネタとしての効果は一番です。


このようにネタは鮮度別に3つに分けるようにしましょう。


最初は道を歩きながら話題を探していきますが、相手との距離がより近いところで新しい話題を見つけたら、それを優先するという使い方をしていきます。

とくにレベル3は難しく感じるかもしれませんが、大丈夫です。レベル1、レベル2と話題を見つけていれば、最初の話題で困らないので落ち着いていられます。

その冷静さがあるので、レベル3も見つけやすくなるのです。

ちなみに鮮度の低い話題は優先順位が低くなりますが、それもムダにはしません。

その有効な活用法も後ほど解説します。

POINT

鮮度が高い（距離が近い）話題から使っていこう

話題を探すうえで効果的なトレーニング

目に見えるもののすべてが話題に変わる

話題を探すというのは、それを習慣化していなかった人には難しく感じるかもしれません。でも、ここで紹介する方法は、面白い話をする訓練よりもはるかに簡単ですし、何よりも1人でできますから、どうぞご安心を。

まず、いつも通勤などで使っている馴染みのルートをふだんどおり歩いてください。

歩き慣れたルートというのは、単なる目的地までの通り道だったりするので、案外細かなところまで見ていない傾向があります。

そこで練習です。

あらためて見慣れた道を歩いてみて、これまで気に留めていなかったことに目を向けてみてください。看板やお店などをよく見るのはもちろん、路肩や路地などをちょっと覗いてみるなど、できるだけ四方にアンテナを張りながらゆっくり歩きます。

すると、次のような「ちょっとした気づき」があるはずです。


「あれ、こんなところに川が流れていたんだな」

「ここの駐車場は、朝からいっぱいになっているな」

「このマンホールのデザイン、じつは凝っているな」


そして、気づいた自分を少しだけほめてあげてください。

それを毎日繰り返します。

そうしていくと、今まで見えていなかったものが見え始めます。

何か話題を見つけようとする意識が自然に働き出すのです。

慣れてきたら、気づいたときにボソッと独り言をつぶやいてみましょう。

それがアウトプットの練習にもなります。

すると、会社に行ったときに、**「街路樹の桜の花が咲き始めましたね」**などと雑談の話題が自然に出てくるようになります。ぜひ、今日から試してみてください。

POINT

馴染みのルートは雑談ネタの宝庫

07

〝名前〟は雑談の絶好のネタになる

読みにくい名前ほどチャンスは広がる

私は仕事で初対面の人と名刺交換をしたときに、必ずすることがあります。

それは、名刺の名前をフルネームで読み上げること。

すると、一定の割合で珍しい氏名の人が出てきます。

そのとき、私は心の中でガッツポーズをします。

【祁答院　正】という名刺を見て、

私　「これは、……何と読むんですか？」（とても読めないので絶句）

相手　「〝けどういん〟と読みます」

【五百旗頭　幸子】という名刺を見て、

私　「えっ、〝ごひゃっきがしら〟？　と読むんですか？」（とりあえず読んでみる）

相手　「〝いおきべ〟と読むんですよ」

【神戸　義雄】という名刺を見て、

私　「〝こうべ〟さんでよろしいですか？」（確認する感じで聞く）
相手　「〝かんべ〟と読みます」

そのうえで、「珍しいですね」「ちょっと読めませんね」「カッコいいですね」「個性的ですね」などといったリアクションを欠かさず行うようにしているのです。

ここで何往復かの会話になれば、初対面の人とも自然に距離が縮まります。

とくに氏名というのは、その人そのものなので、話題の距離でいうとゼロです。

つまり鮮度が高い話題なので、話してくれる可能性が高くなるのです。

相手の氏名というのは、雑談の大きなチャンスになるので、絶対に逃さないようにしてください。

とくに珍しい氏名のもち主は、ふだんから「これ、なんと読むんですか？」と聞かれ慣れています。逆に聞かれないと、「あれ？　この人は聞いてこないな」と少しガッカリした気分にさせてしまいます。

ですから、ちょっとでも読みづらいと感じたら、堂々と聞いてあげてください。

思い入れがあるからこそ会話も弾む

慣れてきたら、もうワンランク上の質問もしてみましょう。

【齋藤】：「これは難しいほうの〝さい〟の字ですね」

【渡邊】：「わたなべの〝なべ〟の字って、たくさん種類があるそうですね」

【吉田】：「これは〝つち〟と書くほうの〝よしだ〟ですね」

など、漢字の微妙な違いも知っておくと、いい話題になります。

細かい部分であればあるほど、会話も弾むのです。

ちなみに、私の苗字である【渡瀬】ですが、戸籍上は瀬（右上部が刀）が正解です。

先日、同じように瀬の字を使う人と話をしたときに、「私の瀬も刀なんです」と言われて、とても親近感がわきました。

やはり名前というものに対しては、その人なりの思い入れがあるものです。

それを話題にすることで、一気に話しやすい関係になる可能性が高まります。

これを使わない手はないですよね。

たまに漢字にふりがなを振ってある名刺もありますが、そのときでも「これ（小鳥遊）

で〝たかなし〟と読むんですか！　珍しいですね」と話題にすればいいのです。

あなたが人の名刺をたくさんもっているとしたら、あらためてそれらの名刺を眺めてみてください。きっと読めない名前もあるでしょう。それを見ながら、1人で質問を投げかけてみましょう。いい練習になりますよ。

もちろん、相手の名前ということでは、名刺だけに限る必要はありません。家の表札を見てでもいいですし、名簿でもいいでしょう。オンラインで会話するときも、画面上に氏名が表示されるときは、同じように話題にできます。

また、ふだんから会っている人でも、よく見たら下の名前の読み方がわからないことに気づいたら、それを話題にしてもいいでしょう。

【山田 一生】：「お名前ですが、〝かずお〟と読めばよろしいですか？」

ぜひ、最初の話題として相手の名前に注目するようにしてください。

POINT

名刺をじっくり観察するプロになろう

08

オンラインでの雑談にはコツがある

ムリに雑談しようとするのは逆効果

近年、とくにコロナ禍以降はオンラインでの商談や打ち合わせが増えました。私も、今ではほとんどがオンラインです。

その際に感じるのが、「オンラインの場合、最初の雑談がやりにくい」ということです。

何しろいきなり画面上で対面することになるので、話題の準備ができません。直接会うときには、道すがらなどで相手の環境を観察して話題を見つけることができましたが、小さな画面でほとんど相手の顔しか見えないオンラインでは、それも難しくなります。

そんな状態でムリに雑談をしようとしても、「さっさと本題に入りましょう」などと言われて、変な空気になるのがオチ。

ですから、オンラインでの面談のときは、ムリに雑談をしようとする必要はありません。

自分「今日はお時間はどこまで大丈夫ですか？」
相手「この後、15時から別の打ち合わせが入っています」
自分「わかりました。では、すぐに始めましょう」

こんなやりとりでいいのです。相手のことを気にかけている言葉を投げかけていれば、雑談と同様の効果を得ることができます。

とはいえ、「やはり雑談をしてから本題に入りたい」という人の気持ちもよくわかります。

そこで、次に**「オンラインでの雑談のコツ」**をお伝えすることにしましょう。

下調べをしていることが伝わるだけでいい

まず、事前に相手の会社がわかっていれば、**「ホームページ（HP）」**に目を通しておくというのは、リアルの面談と同じです。

では、HPのどこを見ればいいのか？

もちろん、最低限の情報を見ておくのは、仕事をするうえでの常識です。

そのうえで私がおススメしているのは、**「最初の雑談に使えそうな情報はないかな」**という視点をもつことです。


「事前にHPを拝見しましたが、全国に支店がたくさんあるんですね」

「HPを拝見したところ、とても楽しそうな雰囲気が伝わってきました」

「HPを拝見しましたが、メニューがとても見やすいですね。参考にさせていただきたいと思いました」


このように印象に残ったことや気づいたことなどを話せば、自然に会話が始まります。


また、近年では個人で情報発信をしている人も多いので、**「相手の個人名でネット検索をする」**のもおススメです。

ブログやSNSなどを使って当人が情報公開をしているのなら、誰が見ても問題にはなりません。そこでの最新の記事を見て話題にするといいでしょう。


「ちょっとフェイスブックで検索してみたのですが、釣りが趣味なんですか？」

「ところで、ネコを飼っていますか？　SNSでお名前を見つけたもので」

さらに、こういうのもありです。

自分「YouTubeで日曜大工の番組をやっていますか？」
相手「いいえ、やっていませんよ」
自分「そうですか。検索したら同姓同名の人がやっていたので、もしかしたらと」
相手「そうなんですよ。赤の他人ですが、その人のことは知っています」

これだけでも下調べをしてきていることが伝わる、つまり相手を大切に考えていることが伝わるので、雑談効果もきちんと出ます。

私は現在、営業マン向けの個別指導をオンラインで行っていますが、毎回の面談の際には、必ず相手から話題を振ってもらっています。

これも練習になりますからね。

定期的なミーティングをオンラインで行っているときなどは、雑談の練習のために相手の情報を調べて話題にするのもありですよ。

POINT
相手のHPやSNSを事前にチェックしておこう

09

まわりを観察するために必要なのは〝平常心〟

この余裕があるかないかで結果は大きく変わる

ここまで雑談の最初の切り出しについてお話ししてきました。基本は、相手にしゃべってもらうために、相手のまわりを観察して話題を見つけるということです。

そして、その際に気をつけておきたいのが、情報をキャッチするための準備です。緊張していたり他のことに気をとられていると、同じものを見ていても、それを情報としてキャッチできないことがあります。

ですから、雑談をする際に必要なことは、何はさておき**「平常心」**ということになります。

かくいう私自身、すぐに緊張してしまうタイプです。

とくに約束の時刻に遅れると、すぐに緊張してしまいます。

営業時代も電車が遅れて遅刻してしまったときなどは、もう頭が真っ白になって、仕事の話どころではなくなりました。

遅刻にならなくても、時間ギリギリになるだけで平常心ではいられなくなります。

ですから、「ほんの数分のことで、仕事がうまくいかなくなるのはもったいない」ということで、絶対に遅刻しないようにたっぷりと余裕をもって行動するようにしています。

余裕があれば、多少のトラブルがあっても回避できますからね。

かなり早く到着してしまったときでも、まわりを観察する時間ができるので、それも雑談の役に立ちます。

お客さまの建物のまわりを何周もしたこともありました。

「このビルの裏にある小さな公園は、人もいなくて落ち着けそうですね」

このように、何度も貴重な気づきや話題をキャッチすることができたものです。

ぜひ、参考にしてください。

自分ならではの緊張防止策を考えよう

雑談は話題を見つけることも重要ですが、**「話をする姿勢」**も大切です。

どんなにいい話題を振ったとしても、ガチガチに緊張しながらでは相手も返事がしづらいからです。

私が教えている営業マンにいつも言っているのは、

「自分が平常心でいられるときに、最も高いパフォーマンスを発揮できる」

ということです。

それは、雑談も同じです。

常に平常心でいられるように心がけましょう。

すぐに緊張してしまうタイプなら、どうしたら緊張しない状態がつくれるかを考えて工夫することです。

ちなみに私が講演など大勢の前で話をする際、緊張防止のためにやっていることが3つあります。

① 汗や口元をぬぐうためのハンドタオルを用意する

②しゃべっていて声がかすれたときのために飲み物を用意する
③最初の自己紹介で、自分がいかにあがり症かということを伝える

自分に対するおまじない的な要素もありますが、これをすることで平常心で話せるようになりました。

- 時間に余裕をもつことで、まわりを観察するための気持ちにゆとりができる
- 相手にしゃべってもらいやすい話題を見つけることで、冷静に会うことができる
- きちんと準備をすることで、相手の話を落ち着いて聞くことができる

どんなことでもかまいません。
あなたならではの緊張防止策を講じることをおススメします。
そうすれば、さらに深く効果的な雑談をすることができるでしょう。

POINT

雑談においても「備えあれば憂いなし」は絶対的な真理

COLUMN 3

祖母との最後の雑談

私の家には祖母も一緒に住んでいました。私は小さい頃からおばあちゃん子で、とてもかわいがられていた記憶があります。ただ、歳をとって記憶力も弱ってきた祖母との会話は、だんだん少なくなりました。

そんなある日、食卓で私と祖母が2人きりになったことがありました。何か話しかけようかと思いましたが、少し疎遠になっていたので話題が見つかりません。そこで、思いついたある話題を言おうかどうしようかと迷いました。

それでもこの後、話をする機会は限られていると思い、少し勇気を出してこう言いました。

「おばあちゃんって、死に方とか考えている?」

すると、祖母の表情がパアッと明るくなって、嬉しそうに話し始めました。

「おじいちゃんみたいに、パタッと倒れて1週間くらいしてから死ねたらいいねえ」

重い話題なのに、意外と話が弾んだのを覚えています。

祖母の中では、死についての話は、旬の話題だったのでしょう。私も久しぶりに会話ができてよかったなと思いましたが、結果としてそれが祖母との最後の雑談になりました。私にとっては、今でも忘れられない思い出となっています。

第3章

ストレスがかからない！

不自然にならない雑談の進め方

01

話題を振ったけど会話が続かないのはなぜ？

緊張しているのは相手も同じ

友だちとの会話で、話しかけたのにそっけなくされることってありますよね。

「ふーん」とか「あっそう」と言われて終了。

ましてや初対面の相手や、まだそれほど親しくない人との会話なら、イメージどおりにいかないこともあるでしょう。

私自身、じっくりと下調べをして、それなりの確信をもって話題を振ったのにもかかわらず、相手に刺さらないことも多々ありました。

先日、初対面の人とオンラインで話をしているときに、相手がギターをやっていると聞き、それを話題にしようとしたことがありました。

私　「どんな（音楽の）ジャンルが好きなんですか？」

相手　「ロックです」

私　「どんなロックですか？」
相手「プログレッシブロックですね」
私　「そうなんですね。好きなバンドとかあるんですか？」
相手「○○とか」
私　「いいですね。私も昔ギターをやってまして」
相手「そうなんですね」
私　「はい、ハードロックのコピーとかやってました」
相手「……」

まあ、ここまででもとりあえず会話になっていましたが、いまひとつ相手が乗ってこない感じで、この話題はここで終わってしまいました。

私としては、ある程度確信をもってギターやロックの話をふくらませたいと思っていたのですが、なぜか反応がなかったのです。

後日、このときのことを当人に聞いてみたところ、緊張していて話に集中できていなかったとのこと。

そして、「本当はもっとロックの深い話がしたかった」と言うのです。

最初から完璧な雑談をすることを求めない

この件で私が学んだのは、**「会話が続かない原因は、自分のせいばかりではない」**ということです。

話が続かなかったりすると、どうしてもマイナスに考えてしまいがちです。

そして勝手に想像します。

「自分の話し方が悪かったのかな」

「この話題は苦手だったのかな」

「そもそも私と話したくなかったのかな」

こうなると、その後の接し方にも影響が出てきます。

相手と距離をとろうとしたり、話しかけないようにしたりするようになるのです。

たしかに本当に嫌われているなら、距離をとってもいいでしょう。

でも、こちらの勝手な勘違いで疎遠になるのは、お互いにもったいないことです。

会話が続かないというのは、何もあなただけのせいではありません。

じつは、相手の事情のためだったりもするのです。

- 緊張していて話に集中できていなかった
- 気になる心配事があって意識がそちらに向いていていた
- そもそもリアクションが少ないタイプだった

とくにまだ相手のことをよく知らない同士での会話なら、なおさらです。

ですから、まずは1回で完璧に雑談しようなどとは考えないでください。

「たまたま会話が続かなかっただけだろう」

仮にうまくいかなかったとしても、それくらいの気持ちでいましょう。

他人とのコミュニケーションで絶対うまくいく法則など、世の中にはないのですから……。

もちろん、うまくいく可能性を高めることならできます。

この章では、そんな雑談の進め方についてお話ししていきます。

POINT

雑談がうまくいかないとき、必ずしも悲観する必要はない

02

ほめれば相手が喜ぶと思ったら大間違い

こんな言動は相手を困らせるだけ

これまで**「相手ファーストの雑談」**が有効だとお話ししてきました。
「ということは、相手をほめる話をしたら、もっと喜んでもらえるかも……」
あなたは、そう思ったかもしれませんね。
たしかに自分のことをよく知っている人からほめられるのは嬉しいでしょう。
ただ、会ったばかりの人からほめられたらどうですか？
何かよからぬことを企《たくら》んでいるのではないか？
優しい顔で近づいてきて、何かを売りつけようとしているのではないか？
そんな心配をするのではないかと思います。
私自身、むやみにほめられるのは、本当に苦手です。
子どもの頃、親戚のおじさんがやってくると、

「また大きくなったねえ」

と、いつも身長のことをほめられました。

それに対して、私はどう返事をしていいのかわからずに、困った顔をしていました。

自分が頑張った成果やプロセスについてほめられるのならともかく、身長が伸びるのは自然現象なので、そこをほめられても嬉しくはなかったのです。

雑談のときに話題が見つからないでいると、つい相手のほめるところを探そうとしていませんか？

ほめることは、思った以上に効果がありません。

ほめても相手のリアクションが薄いときは、雑談の話題としてよくなかったということです。

会話が続かなくなることもあるので、むやみに「ほめる」のはやめたほうがいいでしょう。

POINT
ほめる行為は両刃の剣だと認識しておこう

03

その一言が会話を途切れさせる

相手を立ち止まらせてしまう一言

スムーズに会話が進んでいるときに、ふとした一言で対話が停滞してしまうことがあります。

自分「昨日、急に新プロジェクトにアサインされてしまいまして」
相手「はあ……」

停滞の原因は**「専門用語」**です。ふだんから自分のまわりでは当たり前に使っている言葉でも、それを聞いた人が「?」となってしまったら、そこで思考が停止します。

会話とは、相手と同じ道を一緒に走っているようなものです。

どちらかが勝手にスピードを上げたり、どちらかが立ち止まってしまっては、会話はうまく続きません。

わからない用語を使うと、相手は立ち止まってしまいます。その用語を使い続けると、相手との差がどんどん開いて、会話が停滞してしまうのです。

近年、よく使われがちだけど、わかりにくい用語をあげてみます。

「アサイン」「アジェンダ」「アライアンス」「インバウンド」「エビデンス」「コアコンピタンス」「コミット」「サマリー」「スキーム」「リソース」「ローンチ」

聞いている側も、いちいち「それって、どういう意味ですか？」とは聞けません。話の腰を折ってしまいますからね。でも、それでは意味がわからないまま無難なリアクションしかできずに会話が終わってしまいます。

話していて相手のリアクションが少ないなと感じたら、専門用語を使いすぎていないかをセルフチェックしてみてください。

誰にでもわかりやすい言葉を使うことが、雑談の基本です。

それが相手への気づかいにもなることに加え、よりコミュニケーションがうまくいくようになる秘訣でもあるのです。

POINT

専門用語は雑談の場では使わない

04

自分と相手が話す比率は何対何が理想？

全然しゃべっていないのに会話が成立

友人と話をしているときに、相手ばかりがしゃべっていると、なんだか申し訳ない気持ちになったりしませんか？

「せっかくたくさん話してもらっているのに、こちらからはほとんど話をしてあげていない。悪いなあ」という感じに。

かつては私もそう考えて、なんとか対等にしゃべろうとしたことがありました。

でも、相手がしゃべり上手だと、それに対抗するのは困難です。

それでもムリしてしゃべろうとすると、かえって会話自体がギクシャクして、変な空気になってしまったものです。

かつて、こんな出来事がありました。

私と2人の女性と3人で飲みに行ったときのことです。

その2人は芸人顔負けの話術のもち主で、とにかく話が面白く、しかもエンドレスでしゃべっていました。

まるで2人の漫才を私が聞いている感じです。

最初のうちは、私も何か言葉をはさもうと思っていましたが、まったくそのスキがないので、あきらめました。

2人の話を聞いて楽しむことに徹したのです。

後日、2人の女性のうちの1人と会ったときに、
私　「あのときは、圧倒されて全然しゃべれなかったよ」

女性「そんなことないよ。一緒にしゃべってたじゃん」

私　「いや、でも何もしゃべらなかったし……」

女性「3人でしゃべってたけどなあ」

そんなやりとりがありました。

最初は「気をつかって、そう言っているのかな」と思っていたのですが、どうも本当に私も一緒にしゃべっているように感じていたらしいのです。

この姿勢が相手からの信頼感を生み出す

「どういうことだろう？　実際しゃべっていないのに」

そこで思い返してみると、私がいつもと違うことをやっていたのに気づきました。

いつもは、なんとかスキを見つけて自分もしゃべろうとしていました。

だから、会話を楽しむ余裕がありませんでした。

自分のことに意識が向いていたのです。

ところが、ムリに自分がしゃべろうとせずに、相手の話を楽しむことに意識を向けたことで、私の姿勢が大きく変わったのです。

単純に2人の話に集中して、笑うタイミングで笑い、驚くタイミングで驚く。

それが、その場の一体感を生んでいました。

すると彼女たちも2人だけでしゃべっているのではなく、私も一緒に会話を楽しんでいるという感覚になっていたのです。

ときどき目線が私に向けられるので、私も笑いで返していました。

そのときの会話の比率は、私を多く見積もっても1：9でした。

もちろん私が1です。

私が聞く側に徹したことで、相手も気持ちよくしゃべっていることが感じられました。

「なあんだ。これでよかったんだ」

それまでは、自分も必死になってしゃべろうとしていて、結局はイヤな空気になっていましたが、相手の話に集中して楽しむようにするだけで問題が解決したのです。

さらにコミュニケーションの視点でいうと、相手に気持ちよくしゃべってもらうことで自分への好感度や親和性も上がります。

これは根っからおしゃべりな人には苦痛なことかもしれませんが、私のようにたくさんしゃべることを苦手としている人間には、かえって好都合です。

ある意味で、ふだんどおりでいいのですからね。

POINT

ムリに対等にしゃべろうとする必要はない

05

相手がもち出した話題はこうフォローしよう

せっかくの話題を横取りしていませんか?

雑談の場で、相手から話題を振ってくれることがあります。
それはそれでありがたいことですよね。
気持ちよく乗っかればいいのですから。

相手「お久しぶりです。いつ以来ですかね?」
自分「そうですね。3年ぶりくらいですかね」
相手「ですよね。そのときは、どこでお会いしましたっけ?」
自分「たしか○○さんの講演会で偶然お会いしたと思います」
相手「そうでしたね。○○さんはその後お元気ですか?」

このように、相手からどんどん話を投げかけてもらえると、あれこれ悩まなくても気軽に会話ができるので助かります。

ありがたく身を任せれば、それでOKです。

ただし、相手が始めた話題については、１つ注意しておきたいことがあります。

それは、調子に乗らないこと。

たとえば、こんな感じです。

相手「週末、久しぶりに旅行に行ってね」
自分「どちらに行かれたんですか？」
相手「京都に行ってきたんだよ」
自分「いいですねえ。私も先月、京都に行きました。清水寺にも修学旅行以来に行きましたが、やっぱり迫力がありますね。その後、嵐山とかいろいろと見てきました」
相手「あ、そう、京都いいよね……」

相手から京都の話題が出たということは、その話をしたいという合図です。

本当は自分の京都旅行の話をしたかったのですが、それを横取りされてしまってテンションが下がってしまいました。

ここは、「京都ですか。どうでしたか？」と相手の話を促して聞いてあげるのが正解です。

なまじ自分が知っている話題だと、どうしても話したくなりがちです。

でも、ここはグッと我慢して相手を立ててあげましょう。

そうすることで、より雑談の質が上がるのです。

これをやったら会話が中途半端なものになる

また、**「相手の話をしっかりフォローする」**ということも意識したほうがいいでしょう。

たとえば、次のように相手の話を深掘りせずに、自分の話をメインにするようなケースです。

相手　「昨日、山に行ったらイノシシに追いかけられちゃってさあ。本当にビビッたよ」

自分　「そうですか。僕も先日、渓流釣りに行ったんですけど、クマがいましてね。ちょっと距離があったんで、こちらに気づかれずにすみましたが、さすがに

相手　怖かったですね」
自分　「クマに会ったら怖いよねえ」
　　　「はい、それほど大きくはなかったのですが、襲ってきたらどうしようかと思いました。クマよけのグッズとか必要ですよね」
相手　「そうだね……」

これでは、せっかくの相手の話が中途半端に終わってしまいますよね。

相手がイノシシの話をもち出してきたのですから、まずはその話題で終始することを心がけましょう。

自分がもっと面白い話題をもっていたとしても、その場では封印すべきです。

何度もお話ししているように、雑談は相手に気持ちよくしゃべってもらうことを常に意識することが鉄則なのです。

POINT

相手のもち出した話題はとことん大切にする

06

こんな人には雑談は禁物

よかれと思って始めた雑談がマイナスの結果に

会う人すべてと雑談をしなければいけない。

もし、あなたがそう考えているとしたら、それは大きな間違いです。

ときには、雑談をしてはいけない場面もあります。

たとえば、営業でお客さまを訪問したときのケースで考えてみましょう。

営業「こんにちは。本日はお忙しいところ面談に応じていただき、まことにありがとうございます。こちらの地区は初めてうかがったのですが、自然が多くて気持ちのいい場所ですね」

お客さま「どうも」

営業「緑に囲まれた中で仕事ができるのは、とてもうらやましいです。私の会社のまわりはビルばかりなので、自然が豊かな場所に来るとホッとします」

お客さま「そうですか」（ちょっとソワソワしている様子）
営業　「やっぱりあれですかね。緑が多いところはストレスも減るんですか？」
お客さま「そうかもしれませんが、そろそろ本題を始めませんか？」（少しイライラ）

このお客さまは、さっさと用件をすませたいと思っているのに、営業マンはふだんどおりの雑談から始まり、いつものように場を和ませようとしています。

そうなると、よかれと思って始めた雑談がマイナスに作用することになります。

こんなときの正解は、雑談をしないことです。

最初に**「今日はどのくらいお時間が大丈夫ですか？」**などと確認しておけば、雑談すべきかどうかを判断できます。

時間がないようなら、**「では、さっそく始めましょう」**と言って本題に入ればいいのです。

急いでいるときに、雑談をされても気持ちよく対応できませんからね。

POINT
忙しそうな相手には最初に「気配りの一言」を投げかける

07 しゃべりが止まらない人への対処法

雑談のセミナーにおける定番の質問

雑談は、相手がたくさんしゃべってくれるのが理想です。

そのために、「相手がしゃべりやすい話題を振りましょう」というのが本書の趣旨でもあります。

しかし、たまに相手の話が止まらないこともありますよね。

1人でどんどん話題を展開してしゃべり続ける人。

こちらが聞いているかどうかなんて、まるでおかまいなし。

「そうですか」とか「なるほど」などと相づちを打つのが精いっぱいの状態。

正直に言って困ります。

雑談のセミナーをやっていると、必ずと言っていいほど、この質問が来ます。

「しゃべりが止まらない人をどうやって止めればいいのですか?」

お互いに無限の時間があるのならいいのですが、その後に予定が入っていたり、こちらが話したい用事があったりすると、どこかで話を打ち切りたいと思うのは当然のことです。

そんなときの私のアドバイスは、こちらです。

「そのときは、最後まで話を聞きましょう」

何らかの方法で相手の話を止めたとしたら、気持ちよくしゃべっているところに水を差すことになります。

相手を不快にさせてしまったら、その後の会話やつきあいも停滞してしまいます。

ですから、**「今日はあきらめて話を聞くことに徹する」**と決めてしまうのです。

相手はあなたの姿勢を冷静に見ている

「そんなことをしていたら、その後、仕事にならないよ」

そう思われるかもしれませんね。

たしかに、何かの用事で会いに行ったのに、いつまでもしゃべられていたら困ります。

でも、それが急ぎの案件ならともかく、それほど急ぎでないときは、その日はあきらめてしまったほうがいいのです。

では、それでも時間がないときには、どうすればいいのでしょう？

そんな場合は、

「申し訳ございません。じつはこの後、用事が入っているため、続きはまた今度聞かせてください」

と正直にこちらの事情を言って帰ってもかまいません。

誠実に対応すれば、きっと相手もこちらの事情を理解してくれるはずです。

そうすれば、次回の約束もしやすいでしょう。

一番よくないパターンは、相手の長話を聞き流して、どこかでスキを見つけて、こちらの話をしようと考えてしまうことです。

そうすると、当然ながら相手の話に対するリアクションが薄いものになります。

適当な相づちは、相手との関係性を悪くさせます。

「この人は、こちらの話をちゃんと聞かないんだな。その程度の人なんだな」

そう思われてしまったら、仕事もコミュニケーションもうまくいきません。

開き直って（ある意味であきらめて）相手の話を聞くと決めたら、集中して聞くことが何よりも大切です。

相手の話を楽しんで、**「それからどうしたんですか!」「もっと聞かせてください!」**と、どんどん気持ちよく話してもらうことに集中するのです。

結果として、あなたは相手の話を聞かされる一方になるかもしれませんが、とても大切な情報が相手に伝わります。

それは、「この人は話をちゃんと聞く人なんだ」ということです。

黙って話を聞くだけで信頼度が上がるのなら、それでいいと思いませんか?

相手との関係性をよくすることこそが雑談の目的でもあるのです。

POINT

その場だけではなく、その後のつきあいも考慮して対応する

COLUMN 4

“あいさつ言葉”はありがたい

「おはようございます」「おやすみなさい」などの“あいさつ言葉”は、ふだん人と接していれば当たり前のように使っていると思います。

でも、もしこのようなあいさつ言葉がなかったとしたら、どうでしょう？

朝、出社して上司と顔を合わせたとき、最初に何を言ったらいいのか困りますよね。

黙っているわけにもいかないですし、毎朝雑談のネタを仕込んでから出社するのも、面倒なことです。

そう考えると、あいさつ言葉というのは、とてもありがたいものだと思いませんか？

もし、あなたが出社したときに、空気に向かって「おはようございます」とボソッと言っているとしたら、それは「おはようございます」という言葉に対して失礼です。

せっかくコミュニケーションをとりやすくしてくれる言葉なのですから、きちんと相手の目を見て言うことを心がけましょう。ある意味で、朝の会話はそれだけでいいのですから。

そのうえで、準備してきた雑談のネタをときどき使うように意識すると、朝から気持ちよく仕事ができること請け合いです。

第4章

会話がどんどん弾む！

話の上手な広げ方・掘り下げ方

01

雑談で話が広がらない人の3つの特徴

あらためて自分自身を振り返ってみよう

雑談が苦手な人の悩みとして**「話が広がらない」「すぐに途切れてしまう」**というものがあります。

最初に頑張って話題を振っても、後が続かなくて最後は気まずく終わってしまったら、当然ながら印象もよくなりません。

ここで、そうなってしまいがちな人のパターンを3つあげるので、ご自身を振り返りながらご覧ください。

1 自分にベクトルが向いている

何度も言っていますが、まずはこれが一番の原因です。

意識が自分に向いてしまって、相手の話を聞いていない。

もしくは聞こえていても頭に入ってきていない。

せっかくいい話題を準備して、相手が答えてくれても、それをきちんと受け取る心がまえができていないと、話が途切れてしまいます。

その原因としては、緊張のあまり自分のことで精いっぱいの場合もありますが、**「次はどんな話題にしようかな」**などと先のことを考えている場合もあげられます。

相手は「こっちの話を聞いていないな」と感じたら、話したくなくなります。いかに相手の話に集中できるかがポイントです。

2　リアクションに問題がある

相手の話は聞いているのですが、それに対するリアクションに問題がある場合も話が途切れてしまいがちになります。

相手の話に対して、どう反応していいのか迷っている。

笑うべきなのか、驚くほうがいいのか？　突っ込むべきか、質問すべきか？

このように頭の中に選択肢を並べてしまって、反応が遅くなっている状態です。

その背景には、**「変なことを言って相手に不快な思いをさせたくない」**という自分側の不安があるのでしょう。

ただ、「失敗してはいけない」と不安そうに会話をしていたら、そもそも会話が楽しいものになるはずがありません。

もちろん、表情が変わらないなどの性格的なリアクションの薄さもあるでしょう。

でも、会話を続けたいのなら、きちんとリアクションをすることが大切です。

そして、その際に重視すべきは、**「自分の感情」**です。

感じたままに反応してあげることで、相手は自分の話をきちんと受け止めてくれていると感じます。

3　一言で答えられる質問をしている

話題を振るときに、「YES」「NO」のように一言で答えられる質問ばかりしていると、会話が途切れがちになってしまいます。

たとえば、次のような質問です。

「赤と青とでは、どちらが好きですか？」

「野球は観ますか？」

相手を困らせたくない、悩まれると沈黙になってしまう。

こんな気持ちから、シンプルに答えられる「クローズドクエスチョン」ばかりになるのでしょう。

この場合、一問一答のやりとりが終わると、次の質問、次の質問となって、会話がぶつぎりになりがちです。答える側も、だんだんつまらなくなっていきます。

表面的な浅いやりとりをしても、そもそも話が広がりません。

ですから、もう少し相手に考えさせる話題を振るようにしましょう。

「何色が好きですか？」

「スポーツは何が好きですか？」

このような**「オープンクエスチョン」**を心がけるのです。

この章では、以上のように会話の広げ方・掘り下げ方について解説していきます。

とても大切な話なので、ぜひじっくりお読みいただければと思います。

POINT

雑談をしているときの自分のクセを分析してみよう

02

相手の言葉を使えば話は無限に広がる

言葉は変換しないほうがいい

会話の本などにもよく書かれているのでご存知かと思いますが、**「オウム返し」**という方法があります。

相手「大変だったんです」
自分「大変だったんですね」
相手「怖くて眠れませんでした」
自分「怖くて眠れなかったんですね」

このように、相手の言葉をそのまま返す話し方です。

あまり多用しすぎるとわざとらしい会話になってしまいますが、適切に使えば、とても有効です。

何よりも、相手の言葉をそのまま使うだけなのですから、まったく難しくないですよね。

ところが、私はふだん営業を教える仕事をしていますが、売れない人ほどこれができていないのです。

ダメな例を見てみましょう。

営業「ゴルフクラブで最も得意なのは何ですか？」

お客さま「やっぱりドライバーだね」

営業「そうですか、1番ウッドですね。では、2番目に得意なのは？」

お客さま「スプーンかなあ」

営業「なるほど、3番ウッドですね」

たしかにドライバーも1番ウッドも同じです。

でも、相手がドライバーと言ったら、それを言い換えるのではなく、同じ言葉を使ったほうがいいのです。

いちいち言い直されたら、自分の言葉を訂正されているようで気持ちが悪いですし、上から目線で対応されているような気分にもなります。

大きな間違いでないかぎり、相手の言葉をそのまま使うことを意識しましょう。

だから話のネタが芋づる式に出てくる

では、実際にどのように話を進めていくのか？

ここで大切なのは、相手に「言葉自体」をしゃべってもらうことです。

ＹＥＳ・ＮＯで答えられる質問がよくない理由も、ここにあります。

自分「スポーツで何か好きなジャンルはありますか？」
相手「サッカーですね」（↑言葉を出してもらうことが大事！）
自分「サッカー、いいですね」（↑フットボールなどと言い換えない）

ここで、サッカーについての次の質問ができます。

自分「ご自分でやられるんですか？」
相手「いえいえ、観戦オンリーです」
自分「どこか応援しているチームはあるんですか？」
相手「Ｊリーグの川崎フロンターレですね」

ここまでで、「サッカー、Ｊリーグ、川崎フロンターレ」と相手の言葉がいくつか出てきました。

これを使えば、話題は無限に広げられます。

いつからファンなのか、どれくらいのファンなのか、応援している選手はいるのか、スタジアムに行くのか、などなど、それこそ話のネタは芋づる式に出てきます。

相手の言葉は、ネタの宝庫なのです。

さらに、相手の言葉を使うようにしていると、**「私はあなたの話を真剣に聞いていますよ」**ということが伝わります。

すると、相手は安心してどんどんしゃべってくれるようになります。

このように相手の話をきちんと聞くというのは、話を広げるためにも、そして相手に気持ちよく話してもらうためにも欠かせないことなのです。

そうすれば、ムリに新しい話題を考えなくても、話を聞くだけで話題がどんどん広がっていくことでしょう。

POINT

相手の言葉はそのまま使ったほうがベター

03

「なぜ」という素朴な質問で話を掘り下げる

たった1つのリアクションで大盛り上がり

人に質問するときや何かを伝えるときに意識したほうがいいものとして「5W1H」があります。

5つのW「When：いつ」「Where：どこで」「Who：誰が」「What：何を」「Why：なぜ」と、1つのH「How：どのように」です。

この中で私が便利だなと思っているのが、「Why（なぜ）」の質問です。

この質問が習慣的にできるようになると、会話の質が格段に上がります。

次の会話をご覧ください。

先輩社員「高校から進学するときに美大に行くか体育大に行くかで迷ったんだけど、結局は美大に行くことに決めたんだ」

同僚「そうだったんですね」

この会話をふくらませるとしたら、どうすればいいでしょうか？
Whyを使うことを前提に考えてみてください。
これは実際にあった会話で、先輩社員と私の同僚と3人で飲みに行ったときのものです。
進学の話をしているのが先輩です。
それを聞いていた同僚は、「そうだったんですね」とリアクションしました。
しかし私は、それだけだと話が終わってしまうと思ったのと、素朴に疑問が浮かんだので、こう聞いてみました。

私　「なんで美大に決めたのですか？」

すると、その先輩は「よくぞ聞いてくれた」と身を乗り出して話し始めたのです。

先輩社員「じつは美大に行って美術の先生になるか、体育大に行って体育の先生になるかで迷ったときに考えたんだ。美術の先生でスポーツ万能なのと体育の先生で絵がうまいのとでは、どっちが女にもてるかなって(笑)」

私　「で、美術の先生でスポーツ万能のほうがもてると思ったわけですね(笑)」

こうした会話で一同、笑いになりました。

いかがでしょうか？

「なぜ」の質問をしただけで、話が大きく展開しましたよね。

このときのことを、もう少し分析してみましょう。

なぜ先輩は進路の話を始めたのか？

まず、よかった点は、話を聞いていて、単純に「なぜそっちを選んだのだろう？」と思った気持ちを、素直に質問してみたということです。

とくに計算していることもなく、素朴な質問をしただけ。

じつは、この素朴な質問というのがポイントです。

人は「なんで？」という気持ちから出る質問をされると、素直に答えたくなるものなのです。

これは私も営業時代に、何度も経験していました。

気難しそうな相手でも、素朴な質問には意外なくらいスッと答えてくれました。

もう1つのポイントは、この先輩がなぜ進路の話を始めたのかというと、じつは最後のオチ（どちらがモテるか）を言いたかったところにあります。

そこを誰かに突っ込んでもらって、**「じつはね」**と話をつなげたかったのですね。

そして、その突っ込みこそが「なぜ」の質問です。

相手の話をきちんと聞くというのは、このように突っ込みどころを探すという意味もあるのです。

うわべだけで聞いていたら、「それはなんでだろう?」という疑問は浮かびません。

真剣に聞いているからこそ疑問も出るのです。

会社の会議とかでも、フワッと聞いていたら「何か質問は?」と言われても何も出てこないのと同じです。

ちなみにですが、その飲み会の翌日から、私と先輩との距離が縮まったように感じました。

「自分の気持ちをわかってくれるヤツ」と思ってくれたのでしょう。

1つの質問で人間関係がよくなることを実感した貴重な体験です。

POINT

「なぜ」の質問は相手の心をつかむきっかけになる

04

〝失敗談〟は話を弾ませる万能薬

人に言えないダメ話ほど興味をもたれる

私がまだ若手の頃は、よく飲みの席などで上司が自慢話を始めることがありました。

「俺が若い頃は、毎日100件飛び込み営業をやっていたもんだ」

「靴は1カ月で履きつぶしていたんだぞ」

など、武勇伝や過去の栄光話です。

たとえ酒の席ではなくても、人の自慢話というのは聞いていてあまり楽しいものではありません。

反対に、失敗談というのは人を惹きつける力があるようです。

私は講演などで話をするときには、いつも失敗談や自虐ネタをこれでもかと使います（まあ、失敗のほうが多いので、必然的にそうなるのですが）。

まだ講師になりたての頃は、「人前に出る以上はきちんとしなくてはいけない」と思い、ダメな部分をできるだけ隠して臨んでいました。

でも、ボロを出してはいけないという緊張感や、ある意味で普通のことしか言わない私の話など、面白くなかったのでしょう。

評価はボロボロでした。

そこで私はあるとき、開き直ってふだんは人に話さないことをしゃべったのです。

「子どもの頃は、隣のおばさんにやさしく話しかけられても、走って逃げていた」

「小学校の授業中にいきなり指されたときに、あがって全身汗だくになった」

「クラスメイトにからかわれても、何も言い返せずに悔しい思いをした」

このように、それまで人に言えなかった恥ずかしいことを話しました。

すると、参加者たちの態度が一変したのです。

私の話に集中して最後まで聞いてくれるようになりましたし、アンケートも最高評価に変わりました。

私自身も、もうムリをする必要はありません。

緊張感もなくなって、自然体で話せるようになりました。

それも私の話が聞きやすい要因になっていたようです。

自然な形で自分の〝いい面〟をアピール

失敗談をすることの効果は他にもあります。

等身大の自分を見せることで、**「この人は素直で正直な人だ」**という印象を与えられるのです。

私も最初は、「ダメな部分を見せたら引かれてしまうのでは？」と思っていました。

でも、やってみると全然違ったのです。

むしろ、それによって人との距離感がグッと縮まりました。

そして、もう1つの効果は**「共感」**です。

ダメな部分というのは、誰しもがもっているものです。

したがって、実際にそれを口に出してみると、「私も同じです！」「僕もそうでした！」という声が上がります。共感してもらいやすいのです。

これは、ある意味で**「共通の話題」**でもあります。

しかも、心の奥の部分での共通項なので、より深い関係性を築けます。

もうその時点で、雑談をしばらく交わしたくらいの効果があるのです。

メリットはそれだけではありません。

自分のダメな部分をさらすことで、自分のいい面も強調されるようになります。

人は誰でもプラスとマイナスの面をもっていますが、そのギャップが大きいほど興味をもってもらえます。

ちなみに私の場合は、小中高とクラスで一番おとなしい子どもでしたが、リクルートで全国トップになりました。

このギャップがあるからこそ、「そんな人がどうやって売れるようになったのだろう」と興味をもってもらえるのです。これが単に「トップ営業の手法を教えます」だけでは、単なる自慢話で終わってしまうでしょう。

このように失敗談やダメ経験というのは、とっておきの雑談ネタになります。

ぜひ自身の過去を振り返ってみて、それをネタにすることにトライしてみてください。

POINT

失敗談やダメ経験は、相手との格好の「共通の話題」になる

05

相手を〝その気〟にさせるリアクション術

こんな言葉を連発していませんか？

相手にたくさんしゃべってもらうためには、上手な質問をするだけでは足りません。

「あなたの話をもっと聞かせてください」

「その話にものすごく興味がありますよ」

ということを何らかの方法で伝えることで、相手はもっと話したいと思うようになります。

逆に、すごくいい質問をして相手もそれに喜んで答えてくれたのにもかかわらず、こちらの反応が薄いせいで話がふくらまないということもよくあります。

つまりは**「リアクション」**です。

もちろん、大げさに反応すればいいというものでもありません。

相手　「髪型を変えたんだけど、どう思う？」

自分　「超かわいい！」
相手　「色もちょっと変えてみたんだ」
自分　「色もかわいい！」

他にも、何でもかんでも「ヤバイ」を連発するなど、テンションは高いのに同じ言葉ばかりのリアクションでは、「この人、本当に人の話を聞いているの？」と疑いたくなります（「とりあえずそう言っておけばいい」と思っている人もいるのでは？）。

やはり重要なのは、相手の話に応じたリアクションです。

ただし、コロナ禍以降、マスクをしての会話が増えてきました。

今後もまだマスクのままでの会話もあるはずです。

口元が隠れているというのは、リアクションに大きく影響してきます。

そこで、言葉や表情だけに頼らないリアクション術をご紹介することにしましょう。

オンラインでも使えるシンプルなリアクション

おススメするのは、２パターンです。

まず、カラダを前に乗り出す動作。

これは、リアルに会っているときでもオンラインの画面越しでも使えます。
これだけで、**「あなたの話に興味があるから、もっと聞きたい」**という気持ちを表現できます。

相手　「じつは意外な理由があったんです！」

そこでカラダを前に乗り出すだけ。
そのうえで、**「それで？」「どうしたの？」**などといった言葉をあわせれば完璧です。

相手　「それからこういうこともあったんだよ」

などと、聞いてもいないことまでしゃべってくれたりします。

もう1つは、カラダを後ろにそらす動作。
これは、**「驚きの気持ち」**を表現します。
自分が話したことに対して驚いてもらえるのも嬉しいものです。

相手　「じつは、これだけ機能が付いていて、この価格です！」

そこでカラダを後ろにそらしながら、**「それは安いですね！」「本当ですか？」「ウソでしょ！」**などの言葉と一緒に使うと効果的です。

このように気持ちを動作で表現すると、相手はさらに気持ちよく話せるようになります。

とくにオンラインでマスクをしたままの会話の場合は、**「前後の動き」**を入れることで気持ちが相手に伝わりやすくなります。

私自身、最近はほぼオンラインでコンサルティングの仕事を行っているので、この画面の中でいかに感情を表現するかを考えたときに、カラダの動きが有効なことに気づきました。

また、相手にたくさんしゃべってもらうという意味では、雑談だけでなく、取材やインタビューなどでも使えますし、営業での商談でも使えます。

「ちょっと自分はリアクションが薄いタイプだな」と自覚していたら、ぜひこれを意識して使ってみてください。

POINT

マスク越しでも伝わるリアクションを覚えておこう

06

自然と距離が縮まる「教えてもらう雑談」

相手と対等の知識なんて必要ない

以前、某大手銀行の新人研修で「雑談」について講義したことがあります。

若手社員の悩みは、**「自分の祖父母のような年上のお客さまと、どう話をしていいのかわからない」**というものでした。

「いつもどうしているの？」と聞くと、毎日、新聞やビジネス雑誌を読んで知識を蓄えているとのこと。

もちろん、それは勉強になるのでいいのかもしれません。

しかし、いくらそうした情報を仕入れたとしても、何十歳も年上の人と対等の会話などできるわけがないのも事実です。

「銀行マンたるもの、お客さまよりものごとを知っていないとダメだ」と思い込んでいるのでしょう。

そこで、私はその研修であることを伝えました。

すると、研修が終わった頃には皆、晴れやかでスッキリとした表情になったのです。

伝えたのは、2つだけです。

まず、年配の人と対等に話をしようとしないこと。

やろうとしてもできないことを努力しても時間のムダ。新聞を読むのが好きでしかたがないのならともかく、ムリに知識を頭に入れようとしなくてもいい。

もう1つは、「教えてもらう雑談」を心がけることです。

そもそも年齢も社会人としても大先輩なのだから、教わるべきことはたくさんあるはず。相手の過去の話を聞いて、教えてもらえばいい。孫のような営業に教えるという行為は、とても気持ちがいいし、どんどん教えたくなるもの。当然、愛着もわいてくる。かわいがられる存在になればいい。

そんなことを伝えました。

営業　「○○さんは、以前どんな仕事をされていたんですか？」
お客さま「食品関係の商社に30年勤めていたんだ」
営業　「そうだったんですね。営業ですか？」

お客さま「バリバリの営業だったよ」
営業「私はまだ営業を始めたばかりなんですが、なかなか難しくて」
お客さま「私も新人の頃は全然売れなかったよ。でも、3年目でトップクラスになってからは、ずっと上位にいたかな」
営業「すごいですね。あの、これからときどきお伺いしてもいいですか？　営業を教えてください！」
お客さま「ああいいよ。いつでも来なさい」

こうして親しくなっていけば、ムリに知識をつめ込まなくても、自然に相手との関係も深まることがおわかりいただけるでしょう。

見栄を張らないほうが信頼される

私自身、かつては社長のところへ営業に行っては、経営の苦労話をよく聞いていました。

社長室の本棚に置いてある本の内容についても、いろいろと質問していました。

思えば、当時から自分でビジネスを始めたいと思っていたのかもしれません。営業の仕事をしながら自分の将来のための勉強もできたので、楽しさを感じていました。
すると、そのような私の態度を気に入ってもらえて、営業の成果にもつながるようになったのです。

私の体験からも言えることは、相手が自分より年配者なら、その経験を教えてもらう雑談を心がけるといいということ。

たとえば趣味のことを聞いて、自分もそのジャンルについて詳しければ共通の話題として会話を進めればいいし、自分が知らないことなら「教えてもらう雑談」にすればいいのです。

また、相手が年下だったとしても、自分が知らない分野について詳しいとわかったら、それも「教えてもらう雑談」にしましょう。

教えてもらうスタンスで話すようにすれば、その後の仕事の会話にも好影響が出ることは間違いありません。

POINT

教えてもらうスタイルなら、知識がなくても雑談ができる

07 雑談のスマートな終わらせ方

会話が続くのはいいことだけれど……

雑談で話が弾むのはいいことです。

しかも、相手が気持ちよく話してくれているなら、なおさらです。

でも、その雑談をずっと続けていいのかというと、必ずしもそうではありませんよね。

お互いに**「そろそろこの話は終わりにしたいな」**と思っているようなときは、長すぎる雑談に困ってしまうという現象が起こります。

「このまま続けていいのだろうか。でも、せっかく話してもらっているのに途中で切り上げにくいな」

このように**「できれば相手から切り出してほしい」**と思っているようなときに相手任せにしてしまうと、自分でその場をコントロールできなくなります。

ですから、とくに仕事で会っている場合には、ほどよいタイミングで切り上げる必要があるのです。

私がリクルートにいたときは、まだポケベルを使っている時代でした。

話が長いことがわかっているお客さまのところへ行ったときには、社内の事務の人に「○時に鳴らして」とお願いしておきます。

するとと話の最中にベルが鳴って、それをチラッと見ることで、相手に様子が伝わります。

お客さま「急ぎなら電話していいよ」

私　「ありがとうございます。では、ちょっと電話をしてきます」

そして実際に話をして（急ぎの用事があるふりをして）、雑談を強制的に中断するということをやっていました。

いまならスマホでも同じことができますね。

話題をガラッと切り替える言葉を使う

他の方法としては、次のようにすることで、いい意味で話に水を差すことができます。

たとえば、こんな感じです。

「ところで、今日は何時まで大丈夫ですか？」

「……ということで、話を続けたいのは山々なのですが、そろそろ本題に入りましょう」

「すみません。お手洗いをお借りしてもいいですか？」（一度その場から離れる）

このように、**「話題を切り替える言葉」**を使うことで、長い雑談を終わらせることができます。

さて、本書の趣旨は、できるだけ相手にたくさんしゃべってもらうことなので、会話が続くということは、うまい雑談ができている証拠です。

相手がもっとしゃべりたいと思っているのなら、雑談を続ける意味もあります。

話に乗っかって会話をどんどん広げてもいいでしょう。

しかし、相手も「そろそろこの話はいいかな」と感じているようなら、パッと話題を切り替えることが、相手の意を汲むことになります。

切り替えるタイミングは、会話が途切れた瞬間がベストです。

どんなにおしゃべりな人でも、1つの話題で延々としゃべることはしません。

どこかで途切れる瞬間があります。

相手「……という感じで、本当に面白かったんだよ」(ちょっと間が空く)
自分「なるほど、面白そうですね。……ところで、お時間のほうはまだ大丈夫ですか?」

あくまでも相手を気づかうセリフを使いましょう。

自然に話題を切り替えることができたら、相手からの印象も悪くはなりません。

できるだけ相手にイヤな思いをさせることなく、スマートに終わらせましょう。

POINT
話題を切り替えるセリフをいくつかストックしておこう

COLUMN 5

ペットの写真で、すべて解決

我が家には、生き物がたくさんいます。猫と亀とメダカ、そしてカブトムシの幼虫たち。子どもの頃から生き物を飼うのが好きだったのもあって、動物の話題はいつでもウエルカムです。

ですから私のスマホには、生き物の写真や動画がたくさん入っています。

そして、話題に困ったら、相手にこれを見せるようにしています。

黙っていても、相手は楽しそうにしてくれますし、ときどき解説することで会話にもつながります。

そういえば真面目なニュース番組でも、冒頭でかわいい動物の動画を流すことがよくありますよね。どうやら動物は人の心を惹きつけるものがあるようです。

そんなことから、私は講演などで自己紹介をするときに、冒頭で動画を流すことがあります。

我が家は山の中腹にあるので、野生動物もよく来ます。日本ザルの集団が我が家の庭を通過したときの動画はかなりウケるので、鉄板ネタとして使っています。

もちろんペットがいたら、たくさん写真をストックしておくといいでしょう。

黙って見せるだけで、十分に雑談効果を期待できます。

第5章

もう、あわてない！

話につまったときの切り抜け方

01

雑談での沈黙には、この3つで対応しよう

それは「いい沈黙」？「悪い沈黙」？

雑談をしていて話につまることってありますよね。

相手が人間である以上、想定外のことも起こるので、多少の食い違いをゼロにすることはできません。

ですから、思わぬことが起こったとしても、「まあ、そういうこともある」と思って、あわてないことです。

いきなりやってくる**「沈黙」**も、まずはこの3つを押さえておけば、たいていは切り抜けられます。

1 最初から沈黙

関係性にもよりますが、いきなり知り合いに出会ってしまったときなどは、なかな

か話題の準備もできません。

あいさつを交わした後は、沈黙になりやすくなります。

自分「こんにちは」

知人「あ、どうも」

自分「…………」

ここであわててしまうと、どうしても「自分から何かしゃべらなきゃ」と思ってしまいがちです。

でも、それではイヤな沈黙が続くだけ。

冷静になって、相手にしゃべってもらう話題を探すようにしましょう。

ほんの1、2秒を話題探しに使うのです。

「お久しぶりです。いつ以来ですかね？」

「偶然ですね。お仕事ですか？」

相手のそぶりを見て、「仕事中かな？」「急いでいるのかな？」などを観察して質問を投げかけるようにしましょう。

2 質問の後の沈黙

こちらからの質問に対して相手が考え込んでいるときも沈黙になります。

自分「子どもの頃は、どんなことをして遊んでいましたか？」

相手「そうですねえ」（しばらく沈黙）

このように相手が思い出す作業をしているときや、質問を深掘りしていったときには、このように考え込むシーンがよくあります。

でも、これは「いい沈黙」です。

相手の考えがまとまって答えてくれるまで、ゆったりと待ちましょう。

相手の考える作業を遮ってはいけません。

せかさずに、**「じっくり考えてくださいね」**という態度で待つのが正解です。

3 心地いい沈黙

これは、沈黙していても気にならない状態です。

お互いにわかり合えている関係なら、黙っていても緊張しませんし、「何かしゃべらないと」とも思いません。

家族や親友、恋人同士などでもそうですが、友人や会社の人ともこのような関係になれたらいいですね。

私は、この状態を**「雑談のゴール」**にしています。

以上のように、同じ沈黙状態だとしても、それにはいろいろな種類があります。

「いい沈黙」もあれば「悪い沈黙」もあり、さらには「必要な沈黙（相手が考えているとき）」もあることを知っておいてください。

もし沈黙になったら、どのタイプの沈黙なのかを見極めて、それぞれに適した対応をすることを心がけましょう。

POINT

沈黙の正体を知れば、むやみに恐れる必要はなくなる

02

雑談すべきタイミングは3つある

ホッとして気を抜いたときが狙い目

仕事の打ち合わせなどで相手先を訪問するときには、雑談のポイントが3つあります。

それは、①会ったとき、②仕事の話が終わったとき、③帰り際です。

①の会ったときの雑談については、ここまでのところで解説ずみなので省略します。

面談がスムーズに終わってホッと一息。後は帰るだけです。お互いにテーブルの上のパソコンや資料を整理しているとき、もう何も話すことがないので沈黙になることがあります。これが②の仕事の話が終わったときの雑談です。

ここまで気持ちよく会話が進んでいたのに、ここでお互いに黙ってしまうと、なんだか気まずい雰囲気になってしまいます。もったいないですよね。

さて、本書の85ページで雑談ネタは3つ用意したほうがいいとお話ししました。

そのうちの1つを冒頭で使うとしたら、残り2つの話題が残っています。

それを使うタイミングが、この仕事の話が終わったときなのです。

自分「そういえば、こちらに来る途中に行列ができているラーメン屋があったのですが」

相手「ああ、あそこはいつも並んでいるんですよ」

自分「行ったことありますか？」

相手「あります。やっぱり並ぶだけのことはありますよ」

自分「どんなラーメンなんですか？」

相手「あっさりしょう油系ですね。ワンタンメンが一番人気です」

自分「いいですねえ。帰りに並んでみようかな」

相手「ぜひ行ってみてください！」

資料をカバンに入れながら、このような雑談ができるといいですよね。

そして、帰る準備ができたら、あいさつをして出口に向かいます。

すると、「そこまで送りますよ」と一緒に出口まで歩くことに——。

ここが③の帰り際での雑談です。

終わりよければすべてよし

一緒に廊下を歩いて、場合によってはエレベーターを待つこともあるでしょう。

その時間帯も沈黙になりがちです。

しかも、雑談をするにしても手短にすませなければなりません。

この場面では、じっくり話し込むような話題は不向きです。

ここでも、事前に準備してきた話題を使いましょう。

自分「ここの駅は初めて来たのですが、駅前にアーケードがあっていいですね」

相手「はい、帰り際に買い物や食事もできるので便利ですよ」

自分「それに屋根があるので雨の日とかも助かりますよね」

相手「そうなんです。傘がいらないんですよ」

自分「いいですねえ。では、こちらで失礼いたします。ちょっとラーメンに挑戦してみます（笑）」

相手「ぜひぜひ！　またよろしくお願いします（笑）」

このように最後の別れ際でお互いに笑顔になれると、次からも気軽に会いやすくなります。仕事の話もしやすくなるので、ビジネス的にも有効な雑談です。

ちなみに仕事以外の会話は、その後の**「お礼メール」**などでも効果を発揮します。

会社に戻ってお礼のメールを出すときに、追伸として、

「あれから例のラーメン屋に行ってみました。ワンタンメンが売り切れだったので、普通のラーメンを食べました。おいしかったです。次回、お伺いしたときにはワンタンメンを食べに行こうと思っています」

といった一文が送れます。受け取る側としても、思わず笑みがこぼれますよね。

雑談というのは、相手との共通の話題をつくる効果があります。

ビジネスの話以外でもつながりがもてていれば、その後も会いやすい関係性をつくれます。

そのためにも、ふだんから雑談のネタをストックする習慣をつけておきましょう。

POINT

場面に応じて3つのネタを振り分けよう

03

困ったときには「本題から外した話題」を割り込ませる

これができれば雑談の上級者

話につまるときというのは、何も自分だけに原因があるわけではありません。

当然、相手に原因があるケースもあります。

緊張しているために、こちらからの問いかけに対してリアクションが薄くなることも大いに考えられますし、もともと反応が少ないタイプなのかもしれません。

気持ちに余裕をもてば、**「この人は緊張しているようだな」**と相手を観察することができます。

私もオンラインでの面談の際に、相手が緊張していることはよくあります。

こちらからの質問に対して言葉がなかなか出ない人や、逆に緊張からかしゃべり続けるような人ですね。

そんな場合、私はいきなり**「本題から外した話題」**を出すようにしています。

「ところで、さっきからセミの声が聞こえますが、自然が多いところなんですか？」

「さっきから気になっていたのですが、後ろにガンダムのプラモがありますね」

「話は変わりますが、背景にギターが見えますが、けっこうやられるんですか？」


このように、わざと本題から外した話題を割り込ませるのです。

すると相手の表情も変わって、笑顔が出たりします。

仕事のことなど、少し重い話をしていて会話が停滞してきたなと感じたら、ガラッと話題をチェンジすることを意識しましょう。

そうするだけで、場の空気もずいぶん変わるはずです。

そのためにも、まわりを見渡す余裕をもつようにしましょう。

少し上級レベルになりますが、相手との会話に集中しつつ、まわりを観察することは十分に可能です。

そのようなことも、ぜひ心がけてみてください。

POINT

あえて話題を変えることで相手の緊張をほぐそう

04

相手の地雷を踏んでしまったときの対処法

こんな話題には触れないほうがベター

まだ相手のことをよく知らない状態で会話をしていると、どうしても相手が触れられたくない部分に触れてしまうことがあります。

いわゆる**「地雷を踏む」**というヤツです。

私自身、とくに会話がスムーズに流れているときにかぎって、ついそうなってしまうことは、今でもたまにあります。

私　「そうですか。野球とかお好きなんですね」
相手「たまに球場にも行っていますよ」
私　「そういえば、昨日の試合はすごかったですね！」(激闘だった)
相手「ああ、そうね……」(急にテンションが下がる)
私　「まさか最後にあんなドラマが待っているとは思いませんでしたよ」

相手 「まさかの逆転負けでしたからね」
私 「あ、……すみません」(しまった! 負けたチームのファンだったのか!)

野球の話で盛り上がりそうだったのに、逆に空気を悪くすることに……。急に相手が話に乗ってこなくなったら、どこかで地雷を踏んでいた可能性があります。

早く気づけばいいのですが、気づいていないままだと、どんどん深みにはまってしまう危険性もあります。

このように、相手が熱狂的なファンだったり、無条件に信じているものなどに触れてしまうと、気分を害してしまうこともあるので十分に気をつけたいところです。

私がとくに注意しているジャンルは、スポーツと政治と宗教です。

これらの話題は、こちらから振らないほうがいいでしょう。

間違いを気にしすぎない

それでもつい地雷を踏んでしまうこともあります。

そんなときは、どう対応すればいいのでしょうか?

以前、私が企業研修でロールプレイ（営業の模擬練習）をやっていたときのことです。

営業役の人が地雷を踏んだのですが、うまくリカバリーしていました。

営業役「この商品は、とくにお子さまがいるご家庭には最適です」

お客さま役「そうですか」

営業役「はい、休みの日など、ぜひお子さまと一緒に使ってみてください」

お客さま役「……」

営業役「あ、ちなみにお子さまは？」

お客さま役「うち、子どもはいないんです」

営業役「あ、そうでしたか……。もちろん、ご夫婦2人で旅行などでお楽しみいただけます」

このようにサラリと流すのが正解です。

変に言いつくろったり、謝ったりすると、いつまでもその話題に触れることになります。

話をサッと横にずらして、何ごともなかったかのように振る舞うほうが賢明です。

じつは私も講演などでよく言い間違えをするのですが、間違えた個所を気にしすぎてしまうと、その後の話にも説得力がなくなってしまうので、サラリと流すようにしています。

もちろん間違いは正しますが、ミスは絶対に引きずらないことが大切です。

噛んだり失敗したりすることもありますが、それを気にしないで話し続けることが、じつは聞き手のためにもなるからです。

さて、ここまでのところでは地雷を踏んだときの対応について見てきました。

ただ、それ以前に重要なのが、憶測で話を展開しないようにすることです。

先ほどの場合も、「ちなみにお子さまは？」という質問を先にしていれば問題はなかったはずです。

地雷も踏まずにすみます。

POINT

地雷は踏まない意識と踏んだときの対応が大切

05

意外と効果的な「過去の質問」

こんなときには、この質問

話題を広げる方法として、1つの話を掘り下げたり横に広げたりすればいいということについては、すでにお話ししました。

ここでは、「時間軸の移動で話題を広げる方法」を解説します。

ひととおり会話を交わした後で沈黙になったときや、用事がすんで帰る間際の雑談では、私は次のような問いかけをよくします。

私　「ところで、○○さんはこのお仕事は長いんですか？」
相手「いえ、この業界はまだ2年です」
私　「あ、そうなんですか。以前は別の業界にいらしたんですか？」
相手「はい、もともと建設業界に10年ほどいました」
私　「なるほど。だから図面とかに詳しかったんですね」

相手　「ええ。ただずっと技術畑だったので、営業とか交渉ごとが苦手で（笑）」
私　「いやいや、お話もわかりやすいですし、苦手な感じはしませんよ」
相手　「そうですか。それなら嬉しいですね」

ここでまだ話す余裕があれば、次のように続けます。

「でも、また何で転職されたんですか？」

「じつは、私の妻も以前は建設関係の仕事をしていたんです」

「では、建設関係でわからないことがあったら相談に乗ってくださいね」

など、いろいろな切り口で話してみましょう。

「過去の質問」は相手への興味の印

時間軸の移動という点では、過去と未来がありますが、過去は**「その人の経験の話」**になるため、具体的な話題になりやすいのでおススメです。

出てきた話から共通項が見つかれば、それを使ってもいいですし、知らない話だったら**「教えてもらうスタンス」**で臨めばスムーズに話が進みます。

もっと相手のことを知りたいと思ったら、ぜひ過去のことを聞いてみてください。

ただし、そのときのコツがあります。

いきなり遠い過去の話を聞かないこと。

あまりにも昔の話は思い出すのに時間がかかりますし、相手を困らせてしまいがちです。

「前の仕事は？」

「その前は？」

「学生の頃は？」

「子どもの頃は？」

このように現在から徐々にさかのぼるように聞いていくと、相手も答えやすくなります。

私は、個別コンサルをする際には、まず相手のプロフィールをさかのぼりながら聞くようにしています。

経歴はもちろんですが、そのときの気持ちや好きだったことなども聞いていくと、その人の本質が見えてくるからです。

相手をより深く知ることで、その後のやりとりにも活用できます。

仕事相手のことを深く知っておくのは、今後のつきあいの中で有効ですし、何よりも自分がラクになります。

その人との雑談のネタをたくさん仕入れているのと同じことですからね。

さらに言うと、相手の過去を質問することで、相手への興味の気持ちを伝えることができます。

「子どもの頃はどんな子だったの？」

「何かスポーツとかやっていたの？」

「最初に買ったミュージシャンのCDは？」

このような質問をすることで、相手への興味・関心を表現できます。

自分に興味がある人に対しては、相手も興味がわくものです。

そうしてお互いに気にかけあう存在になれば、きっと仕事でもプライベートでも好影響が出ることでしょう。

POINT

現在から徐々にさかのぼって質問するのがセオリー

COLUMN 6

ギリギリのラインが有効打になる

悪口は相手に不快な思いをさせてしまいますが、毒舌はうまく使えば相手にクリーンヒットして好印象を残せます。

以前、私がオンラインで雑談術のセミナーを行ったときのこと。

最後に質問をチャットで受けるのですが、そのときに秀逸だったものを紹介します。

「渡瀬さんは眠たくなるような声をしていますが、それを誰かに言われたことはありますか？」

これを読み上げたとき、思わず吹き出してしまいました。

私はセミナー内で、「相手がニヤッと笑ってくれたら雑談のフリとしては成功です」と言っていたので、この人の質問は100点満点でした。

おそらく当人も、悪口を言おうとしたのではなく、ギリギリセーフのラインを狙ったのだと思います。そのほうが有効打になりますからね。

もちろん、これはハイレベルの雑談になりますが、少し余裕があるときは思いきって狙ってみるのもいいでしょう。

笑いながら「ふざけるな！」と応じてくれたら大成功です。

第6章

こんなとき、どうする？

［シーン別］困った状況での雑談術

01

パーティーで知らない人と話をするとき

それで人脈ができますか？

さて、ここからは雑談で悩みがちなシーン別に、どう乗り切るかについて解説していきます。

まずは、パーティーです。

私は昔からパーティーが苦手で、無策で参加したときの絶望感や孤立感、そして自己嫌悪の気持ちはずっと残っています。

雑談が苦手な人にとっては、いたたまれない気持ちにさせられる場面ですよね。

明るく華やかで社交的な空間なだけに、そこで何もできずにオロオロしていると、よけいにみじめに感じられてしまうことでしょう。

もちろん、好きで参加している人もいるでしょうが、多くは会社の命令などでしかたなく行くパターンや、人脈を広げるために頑張って出るパターンだと思います。

ここでしてしまいがちなのは、片っ端から声をかけて名刺交換をしまくることです。

そこで集めた名刺の人に、後日連絡してみてもアポイントがとれることはほとんどありませんよね。

いわば通りすがりの人に名刺を渡しただけの関係なので、電話が来ても「誰だっけ？」となるのが普通です。

残念ながら、それは人脈とは言えません。

1人の人とじっくり話したほうが効果は大きい

私は、誘われてパーティーに出席するときには、2段がまえで臨みます。

1つは、「主催者の顔を立てること」です。

せっかく招待した人が1人でつまらなさそうにしていたら、主催者としては申し訳ない気持ちになることでしょう。

そんな思いをさせないためにも、できるだけ1人ではいないようにしています。

もう1つは、「1人だけでいいから次にも会えそうな人を見つけること」です。

会場の人全員と親しくなる必要はありませんし、それはほぼ不可能です。

それよりも、仕事でも趣味でもいいので、気が合いそうな人と知り合いになるほうが現実的でしょう。そこからビジネスに発展する可能性もあります。

単なる趣味の友だちで終わったとしても、そのパーティーに出席した意義があったことになります。

私が気が合いそうな人は、やはりもの静かなタイプなので、その人が１人でいるときに話しかけるようにしています。すると、たいていは気持ちよく応じてくれます。

私　「今日はお１人ですか？」
相手「そうです」
私　「私もです。知っている人がいなくて困っています」
相手「いづらい雰囲気ですよね」
私　「こういうのは苦手ですね」
（パーティーが苦手というのは共通の話題なので、序盤は話しやすくなります）
私　「今日は何かきっかけがあって来られたのですか？」
相手「はい、主催者の方と知り合いでして」
私　「そうだったんですか。後でご紹介いただいてもいいですか？」

相手　「もちろんです。あそこにいますが、頃合いを見て一緒に行きましょう」
私　「ありがとうございます」
（参加のきっかけや理由を聞く質問です。これによって話題を広げやすくします）
私　「ちなみにどういったお仕事をされているんですか？」
（ビジネス関係のパーティーなら、仕事の話がお互いにしやすいでしょう）

そこでよく知らない職業なら**「教えてもらう」**スタイルで会話を進めます。

馴染みのある仕事なら、**「自分との共通部分」**でさらに掘り下げていきます。

もちろん、**「相手ファーストの雑談」**に終始することで、相手に好印象をもってもらうことは基本中の基本です。

ありがたいことに、私もそうして知り合った人とは、今でも連絡をとり合う仲が続いています。

ぜひ参考にしてみてください。

POINT
パーティーで名刺を配りまくっても効果はほぼゼロ

02

上司と2人きりになったとき

「過去＋教えてもらう雑談」で好印象を与える

苦手な上司と2人きりになってしまったら、困りますよね。

残業で2人だけオフィスに残ってしまったとき。

エレベーターで2人きりになったとき。

タクシーで一緒に行動するとき。

新幹線や飛行機に乗って隣同士の席になったとき。

飲みに誘われて2人きりになったとき。

とくにふだんから言葉を交わさない人だったりすると、共通の話題もないので話しかけづらいものです。

かといってずっと黙っていると、いい印象は残らないでしょう。

こんなときは、「ピンチをどう切り抜けるか」という思考になりがちですが、せっかくなので**「チャンスに変えるための雑談」**を目指すことをおススメします。

ここでは、新幹線で出張に行くことを前提として考えてみましょう。

当然ながら隣同士の席なので、黙っているわけにはいきませんし、おもむろにイヤホンで音楽を聴き始めるのも失礼です。

こんなときにおススメなのは、**「過去＋教えてもらう雑談」**です。

自分「部長、今日はよろしくお願いします」
部長「ああ、よろしく」
自分「せっかくの機会なので、ちょっとおうかがいしてもいいですか？」
部長「いいよ」
自分「部長は入社からずっと営業だったんですか？」（過去の質問）
部長「いや、最初は技術者として入社したんだ」
自分「あ、そうだったんですか。だから技術的なことに詳しかったんですね」
部長「まあね。営業に異動したのは10年前だよ」
自分「どうして異動したんですか？」（「なぜ」で掘り下げる質問）
部長「当時は、営業とケンカばかりしていてね。そんなに言うなら自分で売ってみろって言われて、じゃあやってやると（笑）。それで異動できちゃうんだから、当時はうちの会社も緩かったな」

自分「そんなこと初めて聞きました。ちなみにそのケンカの相手とは？」

部長「関西支店の〇〇部長だよ」

自分「ああ、たしかに怒ると怖そうですね（笑）」

このあたりで**「教えてもらう雑談」**に切り替えます。

自分「ところで、仕事のことで教えていただきたいことがあるのですが」

部長「なんだ」

自分「今回のように上司と一緒にクライアントのところに行く場合、私がどこまで話していいのかがわからなくて」

部長「まあ、たしかにな。その場の雰囲気でやっていたりするからな」

自分「そうなんです。もう少し役割分担というか、そのあたりの判断ができるといいのですが」

部長「わかった。じゃあ、その話をじっくりしていこうか」

自分「お願いします」

いかがでしょうか？

終始、部長の話がメインの会話になっています。

部長も嬉しそうに教えようとしているのがわかります。

このようにこちらもきちんと丁寧にリアクションをしながら話を掘り下げていけば、相手はどんどん気持ちよく話してくれるというわけです。

また、話が長くなった場合は、途中で**「お疲れではないですか？」**と相手を気づかって、その後はお互いに個人の時間にすればいいでしょう。最初にじっくりとわかり合えているので、その後の沈黙は気にならなくなるはずです。

すると、この出張から帰った後、オフィスでのお互いの距離感が縮まっているのがわかります。

上司と2人きりになるというのは、雑談の進め方次第でチャンスに転換できるのです。

POINT

雑談で上司との距離を縮めよう

03

どうしても嫌いな人や苦手な人がいるとき

人は悪い面といい面をもっている

会社などの組織にいると、どうしても嫌いな人や苦手な人がいるものです。

いつも顔を合わせている者同士で、イヤな感情をもったままだと仕事がやりづらいですし、まわりの人にも迷惑をかけることになります。

何よりも顔を合わせたときに、何を話していいのか迷ってしまうのが、とても困りますよね。

もちろん、もともと気が合わないタイプだとしたら、ムリして仲良くなろうとしなくてもかまいません。

しかし、まわりの人のことも考えると、仕事に差し支えない程度にはコミュニケーションをとっておくべきです。

そこで雑談の出番ですが、その前に意識を整えましょう。

まず、嫌いな人というのは、悪い面が目につくものです。

- さぼることばかり考えている
- セクハラまがいの言動が多い
- いつも偉そうにしている

など、そのような場面を見るたびにイラッとさせられるでしょう。

すると、いつしかその人の悪い面ばかりに目がとまるようになります。

でも、よく考えてみてください。

悪いところしかなかったら組織にいられないでしょうし、とっくにクビになっていますよね。その人が貢献していることがあるから、その場にいるのです。

そこで、その人のいい面を見つける努力をしてみてください。

すると、

- お客さまからの信頼が厚い
- メールの文章がうまい
- ネコが好き

など、少しは出てくるものです。

それを雑談のネタにします。

自分「〇〇さんって、メールの文章がうまいですよね」
相手「えっ、そうかな」
自分「ちょっと私のメールを見てもらってもいいですか？」

自分「〇〇さん、この前、駅裏にいるところを見かけましたよ」
相手「えっ」
自分「ノラネコと会話してましたよね（笑）」
相手「あ、ああ、あのときの」
自分「そういう一面もあるんですね」
相手「ネコはどうしてもほっとけなくてね」

相手の嫌いな面を雑談のネタにしたら、それこそ会話は殺伐としてしまいますが、このように相手のいい面を意識するようになると、話しかけやすいですし、何よりもその人を嫌う気持ちも少なくなってきます。

人を嫌ったり憎んだりする感情は、私はとてももったいないと思います。

何しろ嫌いな人のことを考えて心を乱しているわけですからね。

イヤなことを考える時間は、できるだけ減らすべきです。

もしかしたら相手は自分のことを嫌っているのかもしれません。

でも、それがその人のことを嫌いになる理由にはならないはずです。

相手がどう思おうと、こちらは別に何とも思っていなかったら、そういうスタイルで通せばいいのです。

もちろん、どうしてもつきあいたいと思えなかったら、ムリに雑談をしようとしなくてもいいでしょう。

ただ、嫌いな人と仕事で交流することがあるのなら、あいさつ程度でもいいので、ふだんから言葉を交わしておくことをおススメします。

優先するべきなのは仕事に支障が出ないようにすることですからね。

POINT

相手の悪い面には半分目をつぶるくらいがちょうどいい

04

初対面の相手とオンラインで話すとき

最低限これだけやれば大丈夫

最近では、ビジネスでもプライベートでも「**オンライン**」の利用が増えています。何といっても移動しなくてすむのが便利ですよね。

私は神奈川県のかなり田舎に住んでいるので、交通費と移動時間を節約できるのが、とてもありがたいです。

現在では、個人コンサルでほぼ毎日、オンラインを使っているのですが、その中には初対面の人もいるので、最初の雑談はいつも意識して行っています。

緊張している人も多いので、いかに序盤でしゃべってもらうかが重要です。

そこで、私がふだんからやっていることを3つご紹介します。

1　こちらの声が聞こえているかどうかを確認する

パソコンなどの設定によっては音声が聞きづらいこともあります。

機器に不慣れな人もいるので、最初に声が聞こえているかどうかを確認しましょう。

そうすると、必ず返事をしてもらえるので、ここで一往復の会話ができます。

まずは、相手に声を出してもらうことを意識した一言というわけです。

ちなみに私は、リアルの講演でも同じことをやっています。

マイクの音が後ろの席まで届いているかどうかの確認をしつつ、参加者と軽く会話をすることが目的です。

2　相手の場所を聞く

自宅からリモートでアクセスしてくる人もいるので、場所の確認をします。

相手の情報を収集することで、その後の話題にも活用できます。

「ご自宅からですか。ずっとリモートでお仕事をされているのですか？」

「オフィスからですか。こちらの声は問題ないですか？」

このように相手の状況に応じて気づかう一言を加えておくといいでしょう。

3　画面に関するコメントをする

相手の視覚的情報が少ないので、画面に映る情報からコメントできるものがないかを観察します。

「そちらの背景は、バーチャルですか？　すごくカッコいいですね」

「後ろに映っている棚にあるのは何ですか？　ちょっと気になります」

このようなやりとりをするだけでも十分に効果があります。

相手からの信頼度はこうして上がる

近年では、リモートの面談で最初の雑談を省く（減らす）傾向にあります。

さっさと本題に入ったほうが効率的だという考えがあってのことなのでしょう。

たしかに時間的には効率がいいのかもしれませんが、トータルでの効率を考えたときに、たとえ一往復だけでも会話のキャッチボールができると、その後のやりとりが大きく変わってきます。

とくに大事な商談や打ち合わせの場などでは、以下にご紹介する最低限の雑談くらいはサラリとできるようにしておきたいですね。

「住所を見たら、こちらと近いですね。もしかしたらランチで行く店もかぶっているかもしれませんね」

「そちらは○○（地名）ですよね。実際に訪問することを考えると、リモートのありがたさを感じます」

「事前に御社のHPを拝見しましたが、社長ブログがかなりユニークですね」

「○○さん、フェイスブックをやられていますか？　登山の写真をよくアップされていますね」

とくにビジネスで初対面の場合は、最初の雑談で場を和ませるという意味もありますが、それ以上に大切なのが、**「事前に御社（あなた）のことを調べてからこの場に臨んでいますよ」**という点を伝えることです。

ここで相手からの信頼度を上げられると、その後の仕事にも好影響が出ることは言うまでもありません。

POINT

ちょっとした一言で、その後の展開は大きく変わる

05

大勢での飲み会で孤立しそうなとき

気がつくと1人きりに……

私は大勢での飲み会が本当に苦手です。というより嫌いです。

そもそもお酒が飲めない体質なうえに、大声で盛り上がるような会話も苦手です。

最初のうちは、隣の席の人とあいさつ程度の会話をしていますが、気がつくと1人でポツンと座っていることが多々ありました。

「早く帰りたい」と思いながら、時間が過ぎるのをジッと待っていました。

でも、それでは本当につまらないですし、時間のムダになってしまいます。

そこで、作戦があります。

それは、定期的に席を移動すること。

こちらから別の人のところへ行って話をするのです。

雑談の方法は、もうわかっていますよね。

「こんにちは。ふだんあまりお話をする機会がないので、こちらに来ました」

「こんにちは。初めましてですよね。よろしくお願いします」

「こんにちは。○○さんのうわさはよく耳にしていますよ（笑）」


このように、あいさつをしてまわればいいのです。

思いのほかしゃべってくれる人がいるかもしれません。自分の顔を売ることができますし、後日すれ違ったときにも言葉を交わしやすくなります。

相手の話を聞きに行くことに主眼を置けば、声をかけることくらいはできるはず。

これまで、一度座った場所から移動しないタイプだったとしたら、そこを頑張って立ち上がってみるのもありだと思いますよ。

孤立するのがイヤだったら、自分で動くこと。

そのための武器が「相手ファーストの雑談」でもあるのです。

POINT
少し行動してみるだけで道は自ずと拓ける

06

いきなり自己紹介をさせられたとき

誰もが苦手な自己紹介をどう乗り切るか？

私は雑談が苦手な人で、自己紹介が得意だという人を見たことがありません。というよりも、自己紹介を好んでやりたいという人もこれまで見たことがないですね。何かの売り込みで名刺を配りながら自己PRをしている人はいますが、それはそれでムリをしているなあと感じます。

私は子どもの頃に転校したことがなかったので、転校生が皆の前でやっていたような自己紹介をした経験はありません。

ただ、転校生が恥ずかしそうに、先生に促されて自分の名前を言っているシーンは何度か見てきました。当時から、あれだけはやりたくないと思っていたものです。

しかし、社会人になると、そうはいきません。

さまざまな場面で、否応なしに自己紹介をしなければならないときがやってきます。

自己紹介をすることが前もってわかっていれば、多少の準備はできるでしょう。

でも、急に「じゃあ今から自己紹介をしてください」と言われたら困りますよね。

そんなときのために、これだけは押さえておきたいというポイントをお話しします。

1　自分のマイナス面→プラス面の順で話す

これはふだんから準備しておくべきことですが、**自分のマイナス面とプラス面をいつでも言える状態にしておく**ことをおススメします。

人が興味をもつのはマイナス面の話です。

自ら自分のマイナス情報を言えば、それだけで「おおっ」と一目置かれやすくなります。

ただ、それだけだと印象がよくないので、**プラスの情報と一緒に話す**ことができたらベストです。

たとえば、こんな感じです。

「子どもの頃から口下手で人前で話すことが大の苦手なんですが、じつは教員免許をもっています」

「昔からかなりの肥満体型なのですが、短距離走はずっとクラスでトップでした」

このときのコツは、まずマイナス情報から入ること。

プラスから入ると自慢話に聞こえがちですが、このようにマイナスから入ることで、嫌味なく自分の特徴を伝えることができます。

そのギャップが大きいほどインパクトは強くなります。

自分の中でのマイナスとプラスをいつでも言えるように準備しておくといいですよ。

2 前の人の情報を借りる

私が意識してやるのは、前の人が話した情報を借りるというものです。

これは、自分の前に誰かが自己紹介したときに有効です。

「いやあ、私の前でそんなに笑いをとられるとやりにくいですねえ」

「私も○○さんと同じで歴史小説が好きなんです。後でじっくりお話ししたいですね」

第一声でこのような話をします。

これは**「話をつなげるテクニック」**で、とかくぶつぎりになりがちな各自の自己紹介を連動させるイメージです。

同時に、人の話をきちんと聞いているところも表現できるので、落ち着いている人間だということも暗にアピールできます。

ちなみに、自分の名前は最後に言ったほうがいいでしょう。

自己紹介で名前だけを覚えてもらっても、あまり意味はありません（そもそも聞いている側は、人の名前など覚えようとしていません）。

それならまずは、自分のことを少しでも印象づける話を優先することが大切です。

ただし、ここで自分をよく見せようとしてカッコつけてしまうと、後が大変です。

見栄を張ったり自分を大きく見せようとすることはやめておきましょう。

その後の居心地をよくするために、自分を素直に表現するのが一番です。

POINT

自己紹介ではギャップを利用すると効果的

07 異性と2人きりになったとき

この方法なら雑談が苦手な人でも安心

雑談が必要な場面というのは、さまざまです。

ビジネスの場もそうですが、プライベートの場でも、ある意味で人生がかかっているときもあります。

好きな人がいるけど、雑談に自信がなくて誘えなかったり、逆に誘われたときでも、雑談が苦手だと誘いを受けることに躊躇してしまいがちです。

私自身、かつて異性と2人きりになるたびに、気のきいた話ができない自分を情けなく思っていました。

そこで、私と同じ状況にいる方に向けて、場面別におススメの雑談をご紹介します。

1 喫茶店で2人きり

喫茶店は私にとって鬼門でした。

「とりあえずお茶でも……」と誘ったのはいいものの、後が続かなくていつも困っていました。

でも、今なら大丈夫です。**「相手ファーストの雑談」**に徹すればいいのですから。

私がおススメするのは、次の2つです。

まず、お店の外観と内観をさりげなく観察し、その感想をネタにするのです。

「小さい店かと思ったけど、中は意外と広いね」

「昭和レトロな感じでいいね」

「こういう感じのインテリアは落ち着いていていい感じだね」

このような感想を、席に座る前に店内を歩きながら言えると、その後は落ち着いて話しやすくなります。

もう1つは、テーブルに置いてあるものを見渡して話題を見つけます。

「最近は、テーブルの上に調味料とか置かなくなったね」

「このおみくじ器のヤツってやったことある？」

「ここのメニューは変わってるね。この〝炎のパフェ〟って何だろう？」

お互いに見えるものは共通の話題になるということと、アイテムを取り上げることで2人の視線がそちらに向けられるので、緊張しないという効果があります。

2 職場で2人きり

残業しているときなど、ふと気がつくと異性と2人きりになっていることがありました。お互いに仕事に集中していれば、会話は必要ないのかもしれませんが、少しだけでも雑談しておいたほうがいいですよね。

「遅くまで頑張ってるね。今どんな仕事をやっているの？」

「すみません。コピー用紙があるところ知ってる？」

「まだ終わらないの？　先に帰るけど戸締りよろしく。鍵のありか知ってる？」

ちょっとした質問や、何かを教えてもらう問いかけなどがいいでしょう。

そして欲を言えば**「大変だね」「頑張ってね」**などのねぎらいの言葉をかけてあげること。

このように、2人でいても相手に安心感をもってもらうことを意識しましょう。

3 帰り道で2人きり

異性と同じタイミングで帰るときもあります。

駅までの道や、同じ電車に乗るときなど、しばらく一緒に歩くことになります。

かつての私は、相手に気づかれないように離れて歩くこともありましたが、それではコミュニケーション能力は進歩しません。

「どこの駅まででしたっけ？」

「そちらに住んで長いんですか？」

「あのへんって有名なケーキ屋さんがありますよね？」

話題としては、相手の目的地や地域のトピックから広げていくのが自然です。

とことん相手ファーストでいけば、話題がなくなることもありません。

もちろん、その気があれば飲みに誘ってもいいかもしれませんが、まずは平常心で一緒に歩くことを目指しましょう。

POINT

緊張しがちな場面こそ、「相手ファースト」の雑談を心がける

COLUMN 7

エレベーターでは堂々と黙る

職場などにエレベーターがある場合、たまに同僚や知人とばったり乗り合わせるときがありますよね。「何かしゃべらなくちゃ」とつい焦ってしまいがちです。

でも、安心してください。エレベーターは公共の場です。

たとえ社内のエレベーターだったとしても、訪問してきた社外の人も乗り込みます。つまり、ワイワイと会話をする場所ではないのです。

知っている人がいたら、「お疲れさまです」と一言だけあいさつして、あとは堂々と黙りましょう。

知人と２人きりになった場合も同じです。途中で誰かが乗り込んでくることもありますし、どちらかが先に降りることもあります。中途半端に会話をするよりも、公共の場では静かにするというマナーを守る姿勢でいましょう。

相手から話しかけてきて、まわりに人がいなければ応じてもかまいませんが、こちらからムリに話しかける必要はありません。

これを知っておくだけでも、不自然にソワソワすることなく、堂々とした態度でいられるはずです。

終章

雑談の技術をマスターできれば、人生が大きく変わる！

01

雑談の悩みが消えたら〝明るい未来〟が見えてきた！

「会社を辞めたい」と思い続けていた日々

子どもの頃から雑談ができないことへの悩みを抱えていた私ですが、それでも生活に支障が出るまではありませんでした。

自分は人よりもおとなしくて無口な性格だったので、頑張ってしゃべろうなどとは思いもしませんでした。

ところが社会人になると、そうはいきません。

おとなしくて無口だということが、いろいろな場面でネックになることを知りました。

とくに人と普通にしゃべれないこと、簡単な雑談すらできないことは、社会生活においては苦しみのもとでしかありません。

ただでさえ暗い性格が、よけいにどんよりと暗いものになっていったような気がしていました。

学生の頃なら、一定の年数がたてば人づきあいもリセットできます。

でも、会社に入ったら、異動や転職でもしないかぎり、ずっと同じ人たちと過ごさなければなりません。

それが、さらに気分を重いものにしていました。

私は毎日のように会社を辞めたいと思っていましたが、一方で、「他のところに行っても、また同じことの繰り返しだろう」と、半ばあきらめの境地でした。

この先ずっと、人と顔を合わせるたびに苦しい気持ちになるのかと思うと、将来に対して絶望的な気分になっていたものです。

「雑談は、しゃべりがうまくなければいけない。だけど、自分は人一倍下手だ」

「面白い話をして笑わせなければならない。だけど、そんな経験は皆無だ」

雑談に対しては、まるで外国語をゼロから学ばなければならないような、自分とは縁遠いイメージしかありませんでした。

雑談で悩んでいる人は想像以上に多い

ところが、**「相手ファーストの雑談＝相手にしゃべってもらう雑談」**に出会えた瞬間、目の前が明るく開けました。

いきなり真っすぐの道が現れた感覚です。

しかも、その道はとても歩きやすい道でした。

「こんな自分でもできる！」

「こんな自分でも通用する！」

「しかも営業でトップにもなれた！」

苦手なものの最上位にいた雑談が、一気に得意ジャンルになってしまったのです。

「自分がしゃべらなきゃ」を「相手にしゃべってもらう」にチェンジできたことは、私にとっては本当にコロンブスの卵でした。

この経験を講演や研修で伝えると、同じところでつまずいている人がとても多いことに気づきました。

１日研修をやると、最初と最後では皆さんの顔色が違っています。

帰る頃には、自信すら感じられる表情になっています。

私がおススメする雑談の方法は、技術やテクニックなど訓練によって習得するものではなく、意識改革でマスターできるものなので、翌日からすぐに実践できるところが最大の特長。

そんなこともあって、参加者の方々は「実際に試してみるのが楽しみだ」という表情になっていたのです。

これまで長年できずにいたことがすぐにできるようになる喜びは、本当に大きなものです。

あなたも、雑談というコミュニケーションにおける最初のハードルでつまずいていた生活から、今すぐ抜け出しましょう。

そこには、必ず明るい未来が待っています。

POINT

必要なのはテクニックではなく意識改革

02

人づきあいへの不安も一気に解消

好きな人に好きと言える、嫌いな人にNOと言える！

人に声をかけることができなかった。

たとえ頑張って自分から話しかけてみたとしても、最初の一言を言うので精いっぱいで後が続かない。

あせって空回りする。

雑談が苦手な人は、少なからずそんな苦い経験をおもちのことでしょう。

そんな失敗体験ばかりしていると、人づきあいそのものができなくなってしまいます。

自ら手をあげるのをやめてしまうと、今度は人の顔色が気になります。

自分の意思ではなく、他人の意思で動かされている自分。

好きな人に好きと言えず、嫌いな人にNOと言えない。

たかが雑談という人もいますが、切実に悩んでいる人にとっては大きな問題です。

思い返してみると、**「雑談の悩みは人づきあいの悩みとイコール」**でした。

私の場合、「人づきあいは苦手」だと自分の性格にレッテルを貼って生きてきましたが、いざ雑談ができる自信がつくと、人づきあいへの苦手意識もなくなりました。

もちろん、今でも大勢の前ではしゃぐことは苦手ですが、少なくとも人の顔色をうかがったり、人に振り回されたりすることはゼロになりました。

人に気軽に声をかけられるという、ごく当たり前のことにありがたみを感じられるようになったのです。

もしも、あなたがいま、人づきあいで悩みを抱えているのなら、ぜひこの「相手ファーストの雑談」を試してみてください。

その威力に、きっと驚かれることでしょう。

POINT

自分の意思で動ける人になろう

03

「相手ファーストの雑談」が仕事と人生を加速させる

なぜ、お客さまは私を選んでくれたのか？

自分ではなく、相手にたくさんしゃべってもらう「相手ファーストの雑談」――。

この雑談術は、仕事にも好影響をもたらしました。

以前、私はデザイン制作の仕事をしていましたが、紹介などで人に会って話をすると、なぜかほとんどの人が仕事を依頼してくれるのです。

なぜ、私に仕事が来るのか？

なぜ、他社と競合になったときでも、担当者は私を選んでくれるのか？

別に私の会社の見積もりが安かったからではありません。

むしろ、他社より高かったのにもかかわらず、私を選んでくれるのです。

いろいろ考えてみたのですが、その理由はやはり**「信頼関係の差」**なのだと思いました。

では、どこで信頼を勝ち得ていたのか？

人の話を聞く、理解する、「理解していますよ」とリアクションする。

この一連の流れが信頼を得る要因だったのです。

まさに、本書で書いた「相手ファーストの雑談」そのもの。

仕事をするうえで最も大切な **「人からの信頼」** を、この雑談をすることで得ることができたのです。

面白い話も盛り上げる話も、いっさい不要

組織に属しているにしても1人でビジネスを立ち上げるにしても、人とのコミュニケーションは不可欠です。

私がデザイン会社をやめて、ゼロから営業コンサルタントを始めてここまでやってこられたのも、この雑談をきっかけに身についたコミュニケーション能力があったからこそです。

ここで、あらためて言っておきます。

本書は、面白い話ができる人になるためのものではありません。

とりたてて話すのが得意ではなくても、雑談を通して相手から信頼される存在になりたい人のための本です。

ですから、もう気持ちを切り替えてしまうことを強くおススメします。

面白い話なんかしなくていい。

盛り上げることもしなくていい。

そんなことを考えるよりも、信頼される存在になるほうにあなたの意識を完全にシフトしましょう。

そして、これからは雑談で悩むことを終わりにしましょう。

そうすれば、きっと人間関係はもちろん、仕事も人生もうまくまわり始めることでしょう。

POINT

最終的には「人から信頼される人」が一番強い

実践さえすれば、あなたの可能性は無限に広がる

最後までお読みいただき、ありがとうございました。

雑談に対する意識が、これまでとはかなり変わったのではないかと思います。

あなたがするべきことは、「自分が何かいいことを言わなければいけない」という呪縛から解放されて、「相手にたくさんしゃべってもらえばいい」という意識に変えることだけ。

それさえできたら、もうゴールは目前です。

ただし、それで満足しないでくださいね。本やセミナーで勉強して「いいことを知った」だけで止まっていたら、永遠にできるようにはなりません。

まずは、実践してみてください。

相手は人間なので、こちらの思いどおりにいかないこともあるはずです。

それを体験しながら、自分にフィットさせていくこと。

そのプロセスが大切です。

実際のところ、そうしていると、とても大きなものが得られます。

それは、自信です。

「自分は、いつでもどこでもどんな相手とでも冷静に雑談ができる！」

その自信が身についたとき、対人コミュニケーションへの不安が消えます。

誰とでも、普通に話ができる存在になれるのです。

若い頃は、そんなことは夢のまた夢の話だと思っていた私が、実際に自信をもてるようになったことで、本当に人生が変わりました。

先日も、高校時代の友人と20年ぶりに話をしたとき、「あのおとなしかった渡瀬が、ずいぶん変わったよなあ」と何度も言われました。

一度テレビ番組でタレントのマツコ・デラックスさんと話をしたときは、さすがに緊張しましたが、それでも普通に話すことができました。

「相手ファーストの雑談」なら、どんな相手とでもラクに雑談ができるようになれるのです。

そのためにも、ぜひ明日から実践してみてください。

朝起きたら家族に。道で出会った知人に。会社の上司に。宅配便の人に。恋人に。それが仕事にも人間関係にも変化をもたらしてくれます。

ここで、私の変化を少しお話ししましょう。

まず、結婚できました。

もともと女性恐怖症に近いものがあり、いつも緊張してしゃべれないことばかりだったのですが、雑談ができるようになったことが、大いなる助けになりました。

次に、仕事で独立できました。

コミュニケーションに自信がないままだったら、自分が独立しようなどとは思いませんでした。

もちろん、営業力がついたというのもありましたが、初対面の人とも普通に対話ができるということで、私でも独立できると思えたのです。

そして、念願の田舎暮らし（神奈川県湯河原町）ができました。

子どもの頃から自然の山や川が好きでしたが、どうしても都心から離れることに抵抗がありました。

仕事が来なくなるのではないかという不安です。

でも、自分に雑談力と営業力さえあれば、どこでも仕事ができるという自信が引っ越しを決断させてくれました。

おかげでそれまで頭痛や肩こりがひどかったのですが、いっさいなくなりました。

今では本当にストレスのない生活を送っています。

こうしてあらためて考えてみると、小中高とクラスで一番おとなしかった私が今、雑談の方法を教える本の「おわりに」を書いているというのは、じつに感慨深いものがあります。

そしてあらためて、人は変われるものだと実感しています。

まずは、ご自身の雑談の可能性を無限に広げてあげてください。

それがあなたの人生を大きく変えるきっかけになれば、著者としてそれに勝る喜びはありません。

渡瀬　謙

どんな場面でも会話が途切れない
一生使《いっしょうつか》える「雑談《ざつだん》」の技術《ぎじゅつ》

2024年 2月29日　初版発行

著　者……渡瀬《わたせ》 謙《けん》
発行者……塚田太郎
発行所……株式会社大和出版
東京都文京区音羽1-26-11　〒112-0013
電話　営業部03-5978-8121／編集部03-5978-8131
http://www.daiwashuppan.com
印刷所……誠宏印刷株式会社
製本所……株式会社積信堂
装幀者……三森健太（JUNGLE）
装画者……金安亮

ISBN978-4-8047-1908-5